魏坤琳的科学养育宝典

魏坤琳 —— 著

中信出版集团 | 北京

图书在版编目（CIP）数据

魏坤琳的科学养育宝典 / 魏坤琳著 . -- 北京：中
信出版社，2019.2
ISBN 978-7-5086-9890-8

I. ①魏… II. ①魏… III. ①家庭教育 IV. ① G78

中国版本图书馆 CIP 数据核字（2018）第 290329 号

魏坤琳的科学养育宝典

著　　者：魏坤琳
出版发行：中信出版集团股份有限公司
　　　　　（北京市朝阳区惠新东街甲 4 号富盛大厦 2 座　邮编　100029）
承 印 者：北京通州皇家印刷厂

开　　本：880mm×1230mm　1/32　　印　　张：10.25　　字　　数：190 千字
版　　次：2019 年 2 月第 1 版　　　　印　　次：2019 年 2 月第 1 次印刷
广告经营许可证：京朝工商广字第 8087 号
书　　号：ISBN 978-7-5086-9890-8
定　　价：58.00 元

目　录

[第1部分　智力脑]
有效刺激增强大脑驱动力

[第 **2** 部分　语言脑]
语 言 学 习 要 趁 早

[第**3**部分 情绪脑]

情 绪 管 理 从 小 抓 起

[第4部分　运动脑]
运 动 有 利 大 脑 健 康

[**第5部分 创意脑**]
用 创 造 力 开 创 未 来

序

　　三年前，我的大女儿在上幼儿园，小女儿还没出生。我和一群科学家朋友共同发起了爱贝睿，希望打造一套前沿的、科学的、服务中国新兴家庭的科学早教方案。我们期待着，将靠谱的科学早教知识传播到每一个家庭，让所有的孩子都享受到前沿脑科学、认知科学和先进教育技术发展带来的益处。

　　一眨眼，三年过去了，我"荣升"为两个孩子的爸爸，小女儿也该上幼儿园了。看着两个孩子一天天长大，听到她们快乐的笑声，我越发庆幸当初自己的决定，为能够影响到那么多孩子而骄傲。作为科学家，作为父亲，我深知孩子人生的前 6 年对她们来说有多重要。

　　其实一开始做育儿科普，我是有些犹豫的。虽然看到市面上流行着太多关于脑科学的误解，甚至很多教育机构的整个教育体系都是基于错误理念的时候，我深知为新一代父母普及科学养育知识这项工作意义重大且刻不容缓，但真正做起来，难度可不小。一个担心是，中国有那么多家长对脑科学感兴趣吗？毕竟，脑科学对于多数家长来说，是一个新鲜事物。送孩子玩具，孩子能立即玩起来；而倡导科学养育，更多的是通过改善大人的观念间接影响孩子，需要家长的参与。另一个担心则是，如何平衡专业严谨与科学传播？脑科学研究边界明显，需要严谨对待，如果解释不当，就容易出现离谱的差错，比如裂脑人研究原本是在癫痫患者身上做的，后来在传播过程中被曲解，演变成了"右脑开发"，大错特错。但要想普及科学知识，传播更广，就需要通俗易懂。同时，儿童教育与脑科学的结合，在专业领域也是一个前沿话题，这又增加了普及难度。

这些对我来说是不小的挑战。因此，我给自己立下了三个原则：不管是通过音频、视频、App 还是书籍等各种形式，我传播的养育知识必须通俗易懂；必须实用，能够实实在在帮上各位家长；最重要的，必须科学靠谱，明辨真伪，减少家长的疑惑。

幸好，在所有人的支持下，效果令人欣慰。我们在爱贝睿微信公众号和未来脑计划 App 上解答了数不清的育儿问题；未来脑计划 App 及其相关科学早教产品的推出，获得了上百万家庭以及越来越多教育机构的认可和验证；《给孩子的未来脑计划》一书上市不到一年，发行量已超过 20 万册，在家长群体中产生了广泛影响；我们与第三方，如得到、喜马拉雅、爱奇艺、腾讯视频、小米电视等合作的科学养育专栏，有超过 10 万的爸爸妈妈跟随我们一起学习，一起陪伴孩子成长。

我们不侧重教孩子学习传统的学科知识，比如学英语、学下棋，这是细分的学科能力培养；我们强调的是培养大脑的底层能力，这其实是一个野心更大的事情。孩子的大脑强大了，将来学习什么都会更轻松。因此，我们以循证为导向（也就是基于证据，基于科学知识，而不是基于我个人的体验），将影响孩子一生发展的底层能力归结为大脑的五大方面，即智力脑、语言脑、情绪脑、运动脑、创意脑。这五大方面互相联系、不可分割，共同构成孩子成长中重要的底层能力。

这个养育理念也收到了广大家长的积极反馈。让我印象最深的是，很多家长感慨，原来"科学"没有我们想象的那么遥远，科学养育就发生在一个玩耍的场景、一个陪伴的行动，甚至一句话、一个拥抱当中。我真的很开心越来越多的家长能意识到这一点。要科学养育孩子，不是发展数学思维就要去报个数学班，培养创造力就要去报个美术班、音乐班。实际上，最好的科学养育就在家里，在日常生活的大事小事中。如果每个爸爸妈妈都懂得一些育儿相关的心理学、认知科学和脑科学基础知识，更好地了解自己孩子的发展特点，并举一反三，根据孩子的实际情况，随时随地在家操作起来，就能更有效地养育孩子，更有利于孩子的成长。在这本书里，我就围绕五脑的体系，着重给宝爸宝妈们讲讲怎样在家庭场景中把科学养育的知识用起来。

我常说，教育就是对大脑的重塑，是一颗成熟大脑影响另一颗新生大脑。你的孩子，会因为你对脑科学、对科学育儿的学习和了解，拥有一颗智慧健康的大脑，掌握一份受益终生的底层能力，在变幻莫测的未来，成为更幸福的人。

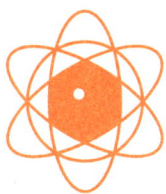

第 1 部分
智力脑

有效刺激增强大脑驱动力

　　智力有点儿像人体的发动机，驱动着我们整个庞大系统的运转。在"智力脑"部分，我会先讲几个决定"发动机"性能的核心指标，包括工作记忆、执行功能、推理能力、元认知能力。

　　工作记忆指人在短时间内掌握和操纵信息的能力。人的工作记忆是有限的，所以孩子可能会忘东忘西，或者出现一些学习障碍。我们要尊重孩子的记忆发展规律，理解他们，并且在平时用一些小技巧来帮他们弥补记忆的不足。

　　执行功能是孩子大脑交通系统的指挥中心，如果信息处理出现冲突和障碍，路上就可能堵车——孩子会表现出各种问题，比如做事缺乏计划性、写作业拖沓、自控力弱等等。

　　对孩子来说，就算解"小明比小红大几岁"这样的题，也不容易，这需要孩子首先运用推理能力，从现实情景中抽象出数字概念来，还需要孩子有强大的元认知能力，有意识地控制和反思自己的知识，来不断学习。在孩子面前的这个世界，是一道超级复杂的应用题，需要孩子去探索求知。

　　除了阐述如何打造这些重要的底层能力，我还将解释一些当下很多家长关心的关于智力培养的流行理念，比如STEM 教育、批判性思维、数感等。它们到底是什么？该怎么做？我提供了具体方法，你可以跟孩子实践起来。

|1| 工作记忆，用好孩子大脑里的"便利贴"

记忆力是孩子大脑发育的重要方面，很多宝爸宝妈都希望能帮助孩子增强记忆力。正是利用家长的这种需求，很多机构在兜售超级记忆术、照相式记忆，把记忆术说得神乎其神。其实记忆只是帮助学习的一个小工具，"记住"的是信息，只有真正"理解"的才叫知识，而且市场上大多数记忆术并不符合我们大脑的记忆原理。

下面就来讲一讲我们大脑的一个重要记忆机制——工作记忆（working memory）。

在讲这个概念之前，我先来讲一个"迷糊的小贝"的故事。

很多人叫小贝"迷糊蛋"，因为他常常忘东忘西。早上着急忙慌赶到学校后，他才发现老师要求带的手工作业落在家里了，自己的水壶也忘记带了。上课的时候，他不能一次性思考或者做超过一件事情，比如老师在用"糖果"这个词造句，小贝正盯着"糖"这个字回忆它的字形，这时候老师叫他重复老师刚刚造的句子，小贝站起来说："我忘了。"体育课学做操的时候，小贝常常记不住下一步的动作，需要老师多次提醒。小贝沮丧地回到家，想跟妈妈诉一下苦，可是当他想描述今天发生的事情的细节时，却突然想不出合适的词语来表达。小贝的妈妈感叹道：小贝真是个大迷糊蛋啊！

　　小贝真的迷糊吗？如果你不懂认知科学，你可能会这样给他贴标签。不过，在我看来，小贝的种种表现都跟人的一项基本的认知能力有关，那就是工作记忆。

——● 工作记忆，你的记忆缓存库

　　工作记忆到底是怎么回事儿呢？人的记忆过程，从信息的输入开始，经过"感知记忆"到"工作记忆"再到"长时记忆"。其中，感知记忆是你从视觉、听觉、触觉等感受器官接收到的信息，由神经系统传输到工作记忆中来。工作记忆对这些信息暂时进行储存和调节，最后才转到能保存更长时间的长时记忆中去。

> 工作记忆是大脑里暂时存储信息的记忆缓存库，里面贴着记录你现在要处理的暂时信息的"便利贴"。

　　比如你要记一个陌生的电话号码，就相当于把号码记在你大脑的"便利贴"上。当你不再需要它时，就撕掉"便利贴"，你也就忘记这个号码了。

　　根据工作记忆之父艾伦·巴德利（Alan Baddeley）教授提出的工作记忆模型，工作记忆大体上由语音回路（phonological loop）、视空间模板（visuo-spatial sketchpad）、中央执行系统（central executive）

和新加入的情景缓冲器（episodic buffer）四个子系统构成，你可以将它们理解为工作记忆的四大护法：听觉工作记忆和视觉工作记忆是小弟，被情景缓冲器和管理整个工作记忆系统运行的中央执行系统这两个老大哥管着。

生活中，当我们需要完成什么任务的时候，中央执行系统就像高效的任务管理器，帮我们不断存入或者清出大量的"便利贴"，它不但能暂时存储你当前要处理的信息，而且能从长期记忆仓库中抽调信息，来处理和分析新信息。

──● 工作记忆是有限的

工作记忆虽然能帮我们短时间内保存信息，但是它是有容量限制的。当我们要同时处理多个任务时，如果大脑内存不够，大脑运行速度就会变慢。一般来说，普通人的工作记忆广度是4，也就是说人脑最多只能同时处理4个信息组块，孩子就更有限了，他们要到青少年期才能慢慢发展到成年人的工作记忆水平。

为什么会这样呢？从工作记忆模型中你可以看出来，工作记忆不仅包括记忆能力，还包括对记忆进行调节的能力。很多孩子没有办法同时管理多条信息，无法在不同信息之间有效切换。他们很容易像小贝一样，在多线程的学习任务中遇到困难。

比如，心算 11×12 等于多少，第一步，你先要算出 $11 \times 10=110$，临时存好这个答案。第二步，算出 $11 \times 2=22$，再临时存好这个答案。第三步，把 110 和 22 这两个数加起来得到答案。有工作记忆困难的孩子，可能受限于记忆广度，在算第二步的时候，就把第一步临时存储的数字忘了。又或者受限于调节能力，无法对信息进行整合运算，没有办法把一二三这几个步骤想清楚。

这下你知道，为什么有的孩子总是丢三落四、迷迷糊糊了吧。首先，他能同时记忆的数量有限，你要是一次性要他记好几样东西，上学之前既要带书包、作业，还要带水壶、手帕，他很可能就记漏了。其次，他处理多线程任务的能力不足，比如学做操，你既要他看着你的动作学，又要他去分解步骤、记忆这些动作，他很可能处理不好。别说孩子，我们成年人也经常遇到处理不好多线程任务的情况，比如刚想说什么，一被别的事情打断，就忘了要说的话了。

> 工作记忆有容量限制，因此很多科学家认为它是人类认知能力的瓶颈，把工作记忆当作智商的重要指标。

一项纵向研究显示，5 岁以下孩子的工作记忆能比智商更好地预测他的学业状况。比如，孩子的工作记忆能力越好，他们的速算和识字能力越好。反之，工作记忆有障碍的孩子，可能会有学习障碍，比如数学成绩差、阅读困难等。

──● 三个小方法，让孩子更好地记住复杂任务

听到这里你是不是开始着急，孩子的工作记忆差怎么办？别着

急，我要强调一点：

> **孩子本身就有记忆限制，你要尊重孩子的记忆发展特点。当他们出现一些学习困难、任务困难的时候，理解他们的处境。同时，平时关注一些弥补孩子记忆不足的技巧。**

我提炼出了以下三个方法，帮助孩子记忆复杂信息。

第一个方法，一次不要记超过 4 个信息。

根据孩子记忆容量比较小的特点，不要一次性给孩子太多信息。不要让他一次记忆超过 4 个信息组块，并且给他解释清楚。比如，给孩子讲故事的时候，挑一些关键人物不太多、3~4 个人物以下的故事。让孩子给你复述故事的时候，告诉他根据"开头—中间—结尾"的结构讲，孩子就不会有那么大的压力。孩子画画、做手工的时候，一次性给他引入 3~4 种新颜色，或者 3~4 种新工具，让他慢慢探索。

记忆的时候，还有一个小技巧，就是对信息进行拆分。通过将杂乱的信息切分为更有意义的组块，我们可以把信息转化为可以快速记忆的内容。比如把 11 位的电话号码拆成 4—4—3，这样就变成了 3 块，会更好记一些。句子也是一样，可以拆成主谓宾结构，一个词组一个词组地记，而不是一个字一个字地记。

第二个方法，列任务清单，做孩子的任务管理器。

遇到信息量实在比较大、任务比较多的情况，你就要当孩子的任务管理器了，教他列任务清单。这些清单，小到每天上学前要准备的物品，大到数学题的解题思路，你都可以花时间跟孩子一起把详细步骤讨论出来。比如，这一步该做什么，下一步该做什么，为什么要这么做，怎么做才是最好的。

孩子处理多线程任务的能力不足，列清单有以下几个好处。首先，一张清单摆在眼前，孩子不会忘记下一个步骤是什么。其次，任务清单的思路很清晰，孩子能从中学会如何协调各步骤，最后解决问题。此外，完整的清单也让孩子心中有数，面对大量信息时不会那么焦虑。

第三个方法，增加记忆线索。

你肯定有这种经历，到嘴边的话忘记了，在别人的提示下，你又想起来了。所以，第三个帮助记忆的好帮手就是，给孩子更多提示线索。很多证据显示，给孩子提示线索，能再次激发他们遗忘的记忆。孩子的年龄越大，这种提示越有效。所以，如果孩子想不起来要说的话，你不要跟他一起愣在那里，试着跟他一起回忆，帮他用语言甚至用手势或者图片回忆信息。

──● 考试是提升学习效率的好工具

考试是我们反思自己知识能力的过程，也是我们提高学习效率的一个有力工具。你可能会奇怪：我们从小到大一直考考考，也没觉得效果怎么样啊？

先来看一个科学实验。

2008 年，普渡大学的研究者在《科学》杂志上发表了一篇文章。他们做了个实验，教一群美国学生学习斯瓦希里语。一开始大家都一样，一起学一遍单词。然后分成四组，第一组学生每隔一段时间把全部单词复习一遍，再把全部单词都考一遍；第二组只复习前面考试没答对的词，不过考试还是全部单词都考；第三组复习全部单词，但考试只考以前不会的；第四组只要是已经答对的单词，就不再考也不复习。在这个过程中，大家掌握单词的速度都差不多，没有明显区别。研究者让大家回家复习，一周后再来测试。在回去之前，研究者问这群大学生，你估计你下周过来，还能记得多少单词？大家都说，差不

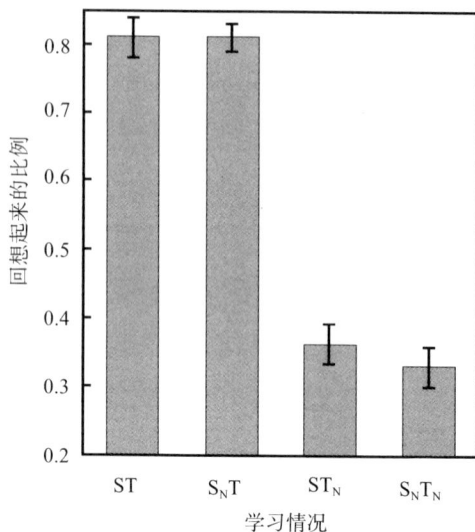

图 1 不同学习情况下的回忆比

ST 组：每隔一段时间把全部单词复习一遍，再把全部单词都考一遍

S_NT 组：只复习前面考试没答对的单词，不过考试还是全部单词都考

ST_N 组：复习全部单词，但考试只考以前不会的

S_NT_N 组：只要是已经答对过的单词，就不再考也不复习

资料来源：Karpicke, J. D., & Roediger, H. L. The critical importance of retrieval for learning. Science, 2008（319）：966-968.

多一半吧。

到了第二周，大学生们回来测试，结果跟他们预测的可不一样。每次考试都考全部单词的两组，都能准确地记住80%的单词；而考试只考错词，但每次都复习全部单词的第三组，只能记住1/3左右，比只要答对既不考也不复习的第四组强不了多少。

可见，最影响学习效果的因素不是复习的多少，而是考试的范围。考试让学生们记忆更牢固，重复学习基本上没什么效果。

你可能要说，这只是记单词，算不上真正意义上的学习。的确，学习远远不只记忆知识点这么简单，还要有对知识的深度理解、与已有知识的联结，以及融会贯通的运用。

2011年，上面那个实验的第一作者又做了两个实验。第一个实验把80位大学生分成4组，来学习一篇科学文章。一开始都一样，学一遍。第一组只学那一次，后边就不再学了。第二组重复学习，后来又学了4遍。第三组用概念图的方法学习，他们一边读材料，一边画出学习材料里各个概念的关系图（这就是"思维导图"的方式，用一个节点代表一个概念，用连线表示概念之间的关系，形成一张图表。学生们需要认真理解和分析所学材料，才能够用一个有意义的图形结构把其中的概念组织起来）。第四组学生，学完第一次之后进行回忆练习，能回忆多少就回忆多少，回忆完之后再学一次材料，继续回忆，总共花的时间跟画概念图的学生一样。

80位学生都学完后，研究人员问他们："你们觉得，过一个星期来考试，你们还能记得多少？"各组被试的预测如图2所示，只学一次组估计自己能记住70%左右；重复学习组的学生很有信心，觉得能记住 80% 左右；画概念图的学生对自己的预测，跟学一次的学生差不多；做回忆练习的学生认为自己也就能记住 60%。

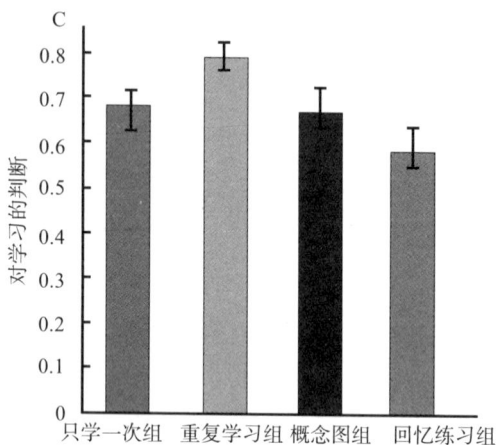

图 2　元认知预估

资料来源：Karpicke, J. D., & Blunt, J. R. Retrieval practice produces more learning than elaborative studying with concept mapping. *Science*, 2011(331)：772-775.

过了一个星期，这群学生回来考试了。这次考试有文字题，考学生们对那篇科学文章里单个概念的掌握程度，还有引申题，需要把不同的概念联系起来回答。猜猜看，哪一组答得好？如图 3 所示，显然只学一次的那组最差，这没什么好说的。其他三组的情况是，重复学习组跟概念图组表现差不多，而回忆练习组是其中表现最好的，而且比其他组要明显好得多。

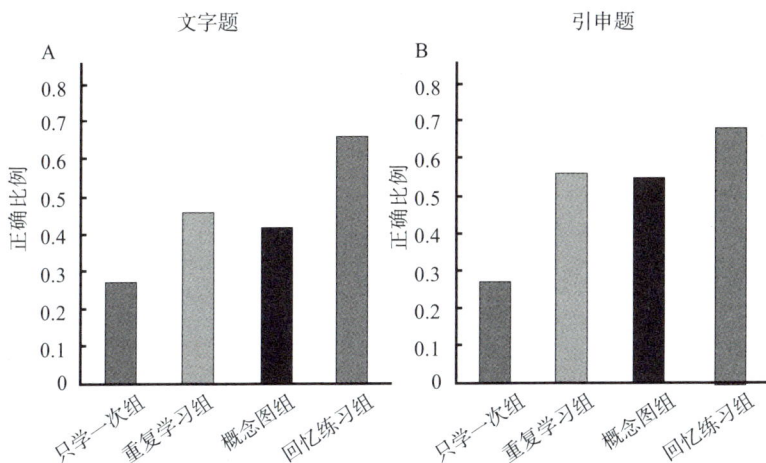

图3　各组正确比例

资料来源：Karpicke，J. D.，& Blunt，J. R. Retrieval practice produces more learning than elaborative studying with concept mapping. *Science*，2011(331)：772-775.

——● 考试效应：考试比重复学习效果更好

"回忆练习"在这里就是给自己的小测验，它倒逼大脑去提取自己刚学习过的知识。这种小测验不仅能促进学习单个概念的记忆，还能促进深度学习，在科学界已经被大量实验反复证明。由于提取练习效应的研究常常用小测验作为提取的方法，所以有人直接叫它"考试效应"。

相同情况下，考试比复习的学习效果更好。这个现象被称为"提取练习效应"（retrieval practice effect）。

　　为什么会有考试效应呢？科学家们猜测，因为人类不可能记住接收到的一切信息，所以需要有选择地记忆。那么多信息，记住哪个呢？大脑判断一个知识点将来是否有用的标准之一，就是它是否被检索过。你每次从记忆中唤醒一个知识点，它就在你脑子里变得信号更强、更稳定。也有科学家通过大脑磁共振成像手段，研究考试效应背后的神经机制。他们发现，与简单的重复学习相比，从记忆中提取信息会让与记忆巩固相关的脑区的活动水平更高。这些脑区激活的增强与你未来能成功回忆起这段信息是高度关联的。

　　这样看来，在过去的很长一段时间里，我们都误会考试了。以前大多数人认为，学习发生在对信息编码的过程中，让孩子读书，或者让孩子亲身体验就可以塑造记忆；大多数人也以为提取只是检测学习效果的工具，它本身没有学习作用。就像用秤称一下水果，并不会让水果增加，也不会让它变少，所以，大家都把重心放在学习编码知识的过程中——好好听讲，好好背诵，在书上把重点画下来。而最新的认知科学成果表明：

> 提取记忆过程，特别是以考试为手段的提取方式，不仅有学习的作用，甚至比简单的重复学习效果更好。

　　我们觉得考试效果不佳，还有一个原因是对待考试的态度不够端正。研究者发现，如果考试没有帮助学生巩固知识，那可能是因为考完后没有"检查"和"反省"。孩子考试之后会查看试卷吗？还是看一眼分数，脑子里就光想着是否应该回家邀功，或者躲闪着不告诉父母？只关注考试的分数和在班里的名次，就不是正确的态度。

　　家长可以帮助孩子端正态度，拿到判了分的试卷之后引导他思考这几个问题：你出于哪些原因造成错误？没有理解某个概念、不够细心、没有想出解题方法，还是其他原因？下一步你打算怎样改进学习方法？通过反省，孩子会提高学习效率。

●日常养娃怎么"考试"？

　　说了这么多考试的好处，在日常生活中该怎么运用呢？记住一个原则就行了：多让孩子回忆，把当前知识与过去知识联系起来。举个简单的例子，我跟女儿读书的时候，不会一直是我读她听。当她还不认字的时候，我读几遍，她大概了解故事情节之后，我就让她讲给我听。这就是一种记忆的提取，也是一个小考试。她有时候记不太清楚，有遗漏的地方，我就给她提示，帮助她回忆，直到她最终讲出一个完整的故事。她自己讲过一遍之后，对故事就记得比较牢了。

　　平时跟孩子聊天，也可以有意地提醒孩子。比如我女儿在背古诗的时候，我就提醒她，我会隔一阵子随机抽查这些古诗，而且我真的这么做了。被随机抽查的预期建立起来以后，我女儿的学习和记忆效果就大大提高了。

📄 Dr. 魏的小叨叨

工作记忆是一项非常重要的认知能力，它就像我们大脑里暂时存放信息的记忆缓存库，里面贴着记录你现在要处理的暂时信息的"便利贴"。不过，人的工作记忆资源是有限的，特别是孩子。孩子的学习障碍，比如计算障碍和阅读障碍，可能来源于工作记忆方面的问题。

你需要理解孩子大脑的发展规律，不要一次性让他记忆 4 个以上的信息组块。做孩子的任务管理器，帮他养成列任务清单的习惯，并且提供给他记忆提示线索，这些都是帮他解决复杂的学习任务的方法。

考试是我们反思自己知识能力的过程，也是我们提高学习效率的有力工具。相对于重复学习而言，提取练习可以让人的学习表现更好。平时，我们可以让孩子有可能被抽查的预期，也注意给孩子一些小测验。同时，我们还要引导他们对考试结果有正确的态度，引导他们自己去反思和总结。孩子长大之后，学习学科知识也是一样的方法。

不知道你有没有注意到一个细节，研究者做实验时，用"考试"方法学习的那组大学生，虽然在真正的测试中表现得最好，但在测试之前对自己是最没有信心的，他们不认为自己学得好。这又是为什么呢？研究者猜测，这可能是因为在"考试"过程中，学生常遇到出错或是记不起来的情况，所以主观感觉是"哎呀，怎么又错了"，认为自己掌握得不好。如果你的孩子也有类似的情况，在回忆或测试过程中对自己没有信心，记得要多多鼓励和支持他哦！

👁 行为观察 × 脑力训练

（适合 3~4 岁的孩子）

行为观察

准备 6 张花色和数字都不同的扑克牌，两两配对，请孩子记下 3 个组合，30 秒后把牌都收起来，一次拿一张问孩子，先前和这张牌配对的是哪一张，看看孩子是否还记得。

脑力小游戏——咔嚓照相机

这个游戏随时随地可以玩。你摆一个搞怪的造型，请孩子假装照相机，"咔嚓"给你拍个照。然后倒数 10 个数，请孩子把"照片"给你看看，模仿重现你刚才的造型。看一看，模仿得像不像？如果拍一张太简单，那就试试两连拍、三连拍，玩得更过瘾！

游戏中孩子需要观察和记忆你的动作细节，并延迟一段时间再进行回忆模仿，这非常锻炼孩子的记忆力。在孩子尝试模仿你的动作时，还需要将大脑里记忆的信息和自己的肢体动作带来的感觉信息对应起来，这可以促进孩子动作能力的发展。

想要尝试更多行为观察和脑力训练小游戏？请下载"未来脑计划 App"，成为脑计划 VIP。

|2| 让孩子受益终身的能力——执行功能

——● 什么是执行功能？

在童话里，小王子说过："使沙漠如此美丽的，是它在某处藏着一眼泉水。"

而我特别想跟家长们说的一句话是："使孩子未来美丽的，不是现在世界看重的技能，而是未来世界看重的能力。"

你可能想问了，什么是未来世界看重的能力？这里我就讲一个特别重磅的能力——执行功能。

为什么有的孩子长大后意志坚定，有的孩子却容易分心，容易被诱惑呢？脑科学家认为这些能力是跟"执行功能"相关的。执行功能这个词听起来有点儿抽象，是吧？请你来跟着我做一个小游戏，你就明白了。

游戏的规则是这样的，当我说"老师说，要做××"的时候，你要做出"××"这个动作，如果我前面没有说"老师说"，那你就不要做这个动作。现在咱们来试一下：

"老师说，摸摸你的鼻子。"

"老师说，摸摸你的耳朵。"

"老师说，双手交叉放在胸前。"

"把双手放下来。"

你最后把手放下来了吗？我说的是"把双手放下来"，前面可没有加"老师说"，那你就不能做这个动作。

这个游戏很简单，但在完成这个游戏的过程中，你要集中精力听清楚我的指令，还要快速判断这个信息对应的动作是什么，并正确、快速地做出来。在听到"把双手放下来"的时候，你要抑制自己不要放。在这个过程中，你就用到了"执行功能"。

"执行功能"是当前认知神经科学研究的前沿问题之一，它是个体对自己的思想和行动进行有意识控制的心理过程。

就好比大脑里有个指挥官，我们制订计划、组织信息、做出判断、解决问题都要受到这个指挥官的控制。说到这儿，你大概明白执行功能的重要性了。执行功能的核心能力有三种，分别是：

- 工作记忆，能在短时间内掌握和操纵信息的能力。
- 抑制控制，抵制冲动的能力，也就是我们常说的自控力、自律。
- 思维灵活性，能够根据不断变化的需求调整计划，做出符合新情境的要求。

——●孩子的日常生活与执行功能息息相关

讲了这么多执行功能是什么，你可能想问，执行功能跟孩子的日常生活有什么关系？不管是学习新知识，还是解决有挑战性的问题，日常生活中的方方面面都需要执行功能。我举个例子你就明白了。

冬冬是我朋友家的孩子，一个上幼儿园大班的小女孩儿。有一次朋友跟我吐槽："哎呀，孩子都长这么大了，晚上睡觉还费劲。晚上回家写5行拼音要花一个小时。到了睡觉的时候还没玩好，不愿意睡。从开始刷牙到躺到床上又得半小时，我提醒她，她还嫌我烦，气死我了。"

你想想，从执行功能的角度看，冬冬的问题出在哪儿呢？她没办法灵活地根据外部条件切换任务，到了睡觉的时间不睡；也没办法很好地控制自己的冲动，就是想玩。孩子写作业和洗漱花费时间长，可能是因为分心、没记住当前任务、没有按照既定目标行动，同样也跟执行功能有关。

> 大脑的执行功能，就像交通系统的指挥中心。如果信息处理出现冲突和障碍，路上就可能堵车——孩子表现出种种问题。

当孩子遇到类似困难的时候，家长可以帮助她。比如我给朋友这样支着儿：

孩子缺乏制订和执行计划的能力，那你可以跟她一起列计划，写清楚做事情的时间和步骤。我跟大女儿一起制订过一张作息时间表，把睡觉前要做的事列出来，贴在她卧室的墙上。接下来每做好一件事，孩子打一个钩，勾到睡觉的时候，孩子就知道，接下来该睡觉了。

孩子写作业花费时间多，你要帮助她判断是哪里出了问题。如果是作业太难，可以给她讲一讲，帮她降低难度。如果是孩子总走神，抑制控制能力弱，不能专注于一个目标，你可以教她把做的事情说出来，比如写拼音的时候写一个念一个，这样更容易集中注意力。

另外要保持孩子的桌面干净，写作业时除了书、本和笔，桌上什么都不放，这样减少外界刺激物，可以降低分心的概率。

> 解决执行功能出问题的思路是降低难度，明确目标，教孩子利用语言作为思维记忆工具，多给孩子具体的提示，减少有可能让她分心的刺激来源。

——● 运动游戏提升执行功能

有研究表明，执行功能在人类出生后不久便开始发展，3~5 岁是急速增长的一个重要时间段，大概 7 岁之后，呈平稳持续发展，直至成年早期。

在童年和青年期建立的执行功能能力

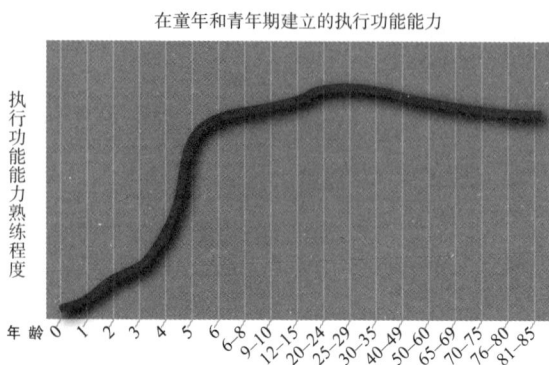

图4　各年龄段的执行功能能力

注：衡量不同类型的执行功能能力的一系列测试表明，这些能力在人出生后不久就开始发展，3~5 岁是它们获得巨大进步的重要时间段。这种发展会一直持续到青春期和成人早期，之后熟练程度开始下降。

图片来源：Weintraub et al.

执行功能与大脑前额叶紧密相关。前额叶和其他新皮层共同完成对信息的加工、整合及协调控制复杂的认知活动。但人的大脑前额叶发育较晚，20 岁以后才发育成熟。你可能想问，那父母就只能等着吗？也不是。你平时可以跟孩子玩一些能锻炼执行功能的游戏，帮助孩子适应未来。

其实，并不需要多么新奇的游戏，许多传统游戏都可以锻炼孩子执行功能的核心能力，比如讲故事、跳舞等。作为体育大学的毕业生，我要为体育运动代言，我想介绍几种经典的运动类游戏给大家。

躲猫猫

躲猫猫是玩起来很方便的游戏，不太受时间和地点的限制。对于小宝宝，你可以藏好玩具，让宝宝去找。等到宝宝会走路之后，你可以自己躲起来，让宝宝找。记得多换几个地方藏，在这个过程中，宝宝要学会记住之前的旧地址，追踪新的路径，他们的工作记忆在不知不觉中就提高了。宝宝要理解游戏规则，等你藏好再开始找，这对他的自我控制能力也是一种挑战。

踢足球

高级体育活动，特别是需要协调的活动，比如踢足球，可以改善执行功能的所有方面。想象一下，在踢球的过程中，你需要不断监测环境变化，并做出快速反应，对于选择性注意、观察、抑制控制、行动来说，都有不小的挑战，所以我非常鼓励小孩多进行球类运动。

红绿灯

你演警察，孩子当行人。这是个比较简单的玩法，跟"木头人"游戏差不多，孩子随便做什么动作，只要你喊"红灯"，孩子就停下来，你说"绿灯"，孩子又可以动。

要想增加难度，你可以加入红色卡片和绿色片卡，要求孩子根据你出示的颜色做出反应，红色停，绿色行；但你同时给孩子干扰，用语言下指令说"红灯""绿灯"；你说的指令有可能跟卡片不一致，比如出绿色卡片说"红灯"，这时候就需要孩子控制住想停下的行为，继续行动。

再来点儿难度变化，还可以假装你们在火星上，火星上的规则和地球相反，听到"红灯"，开始活动；听到"绿灯"，保持静止。

你看，孩子在这个游戏的高级版本中需要记住三条规则，这是在锻炼他的工作记忆。他在游戏中还要根据指令抑制自己的行为，判断是活动还是停止，这就动用了抑制控制能力。

Dr. 魏的小叨叨

我要强调一下，能提升执行功能的游戏有很多，但只有在孩子愿意玩的前提下，它们才能起作用。强迫孩子练习肯定没效果。还有，家长需要给孩子搭脚手架，在孩子当前能力基础上，给他提高一点点难度，让他踮踮脚尖能够着。只有不断地增加挑战性，游戏才有效。

执行功能好的孩子，能够更加自信地走向世界，与人相处，灵活解决新问题。最有效的练习执行功能的方法，不会止步于单独练习执行功能，而是帮助孩子在认知、社会情绪、语言、身体等方面全面发展。

在童话里，小王子说星星发亮，是为了让每一个人有一天都能找到属于自己的星星。祝愿你的孩子健康成长，成为天空中独一无二的、闪亮的星星。

|3| 数学不只是计算，推理能力更重要

　　数学可不只是算数。对于稍大一点儿的孩子，我们要着重培养他们的数学推理能力。

　　先来看两道数学题，你觉得哪道更难一些？一道是，10 减 3 等于多少？另一道是，小红有 10 支铅笔，小明有 3 支铅笔，那么小红比小明多几支铅笔？

　　我们成人肯定觉得从难易程度或者解题速度上来说，第一道题要更容易一些。不就是 10 减 3 吗？答案是 7，完全不需要动脑子。但是如果是问小红比小明多几支铅笔，那么光靠记住"10 减 3"就不够了。很多家长误以为教孩子做算术题，就是要孩子背会常见的数字运算，包括乘法口诀表。实际上，要想解数学题，除了计算能力，还需要理解题意的能力（即理解"小红和小明"的那个故事情节），从中抽象出数字概念来（即其中涉及的数字 10 和 7），再进行运算。这里，要用到的是数学推理能力。

　　2017 年，两位研究儿童数学能力的大家、英国牛津大学的特雷济尼亚·努内斯（Terezinha Nunes）教授和彼得·布莱恩特（Peter Bryant）教授受邀到北京大学做了一系列讲座，讲座的重点就是数学

推理能力。这里，我就结合讲座的内容，来详细告诉你什么是孩子的数学推理能力，以及它对孩子有多重要。

> **数学不只是算数，对孩子的数学培养来说，数学推理能力是最重要的。**

——● 数学不只是计算

努内斯教授说，孩子学数学，需要两种能力。一种是基于记忆的计算能力，比如加减乘除法，1+1=2，三三得九，四四十六，只要会背公式，就能正确计算。另一种能力是基于逻辑的推理能力，比如你知道 a 比 b 高，b 比 c 高，能不能推测出 a 比 c 高？这种能力不需要背公式，只要正确理解题意就能推理出来。

这个推理能力可比你想象的更重要。可惜，很多学校在数学教育方面都犯了一个错误，就是在开始教孩子数学的时候，只关注算数、计算能力，忽视了数学推理能力的培养。

两位教授在英国做过一个大型实验。他们首先测试了上千个 8 岁半孩子的数学计算能力、推理能力和智商，然后，让同样的孩子分别在 3 年后和 5 年后参加全英国的数学考试，有点儿像我们的小学毕业考试或初中毕业考试。他们从数据里发现一个惊人的事实：虽然计算能力、智商都影响孩子的数学成绩，但是对孩子的数学成绩影响最大的一种能力，居然是推理能力。推理能力越好的孩子，数学考试成绩越好，就算过了 3 年也是这样。

你可能会问，学龄前的孩子有数学推理能力吗？国内许多研究发现，中国孩子从幼儿园的中班到大班，也就是 5 岁左右的时候，是数学推理能力迅速发展的阶段。这个时候，你就可以有意识地培养孩子的推理能力了。

不过，你不需要额外花时间带孩子去补习班专门练习推理能力，只要用对技巧，在家就能顺利教孩子做出包含加、减、乘、除，甚至是分数、比例概念的数学题。

──● 用推理技巧教孩子加减法

回想一下我开头说的那个题目："小红有 10 支铅笔，小明有 3 支铅笔，那么小红比小明多几支铅笔？"孩子回答说 13 支，其实不是他太笨，不会算减法，问题出在他对题目的理解上。对于孩子来说，如果你问他："一共有 10 支铅笔，拿走 3 支，还剩几支？"他就比较好理解。但是如果你问他："小红比小明多几支铅笔？"这里面包含几层意思，首先要算小明再加几支铅笔才跟小红的一样多（3+？=10）；然后，再在脑袋中拐个弯，才能明白可以用 10 减 3（10−3）来获得答案。

怎样更有技巧地教孩子这道题呢？你可以让孩子拿实物，不一定是铅笔，用小棍、纸片或者任何能引起孩子注意的东西都行，在桌子上摆两排，一排 10 个，另一排 3 个，然后比一比，再判断。眼前有两排真实的东西，有多有少，孩子更容易理解。

等孩子再长大一些，有了一定的数学基础之后，你可以帮他慢慢脱离实物，用抽象概念代表数字，比如利用数轴。在数轴上画一条线段，分成 10 格，代表小红的铅笔；再画一条线段，分成 3 格，代表小明的铅笔，这样小红比小明多几支铅笔就比较清晰了。就算孩子不会加减法，在数轴上数数，也可以得出答案。

——● 用推理技巧教孩子乘除法

怎么用推理技巧教孩子乘除法呢？一般 6 岁以下的孩子是不会算乘法题的，你问他 3×4 等于多少，他可能回答不出来。但是，如果你告诉他这个故事：兔子村有 3 个兔子窝，每个兔子窝可以住 4 只小兔子。圣诞节的晚上，所有的小兔子要去一个大房子里庆祝，你一共要在大房子里准备多少个盘子呢？注意，每只小兔子手里要有一个盘子。

这个故事可不是瞎编的，科学家真的拿这个故事去问了一百多个5~7 岁的孩子。他们在纸上画出了 3 个小房子和 1 个大房子，然后再给孩子一些圆纸片当盘子，让孩子动动手，摆到房间里看看。结果发现，就算这些小孩连加减法都不会，更别说乘法了，单靠推理和数盘子的个数，超过六成的 5 岁小孩能做对这道题，所有 6~7 岁的孩子都做对了这道题。

你看，就是把乘法题用简单的故事来包装一下，竟然能帮助 5 岁的孩子理解他本来要到 7 岁才能学会的数学概念。而且，孩子在这样的题目中学会了推理，增强了解决问题的能力和动手能力，这比单纯让孩子背"三四十二"这样的乘法口诀要有意义得多。

这道题你还可以这么问："宝宝，如果你现在要办生日会，你打算请你最喜欢的 4 个好朋友参加，你想给每个好朋友 3 个气球，你一共要买多少个气球才行呀？"然后，让孩子把气球画出来，或者做一些代表气球的卡片，让孩子对一对，相信他也能答对。

──● 用推理技巧教孩子分数、比例的概念

用推理技巧教孩子分数、比例的概念，想想挺难的，但其实做起来很简单。比如，给孩子一个比萨，或者一个大烧饼，然后问孩子："有 4 个女孩子来分一张饼，另外，有 7 个男孩子要分两张饼，你觉得，每个女孩子吃到的饼，跟每个男孩子吃到的饼比，是一样多的吗？"

你还可以这么问："给宝宝冲奶粉，里面放 6 勺奶粉和 3 粒糖。给爸爸冲奶粉，里面放 9 勺奶粉和 6 粒糖。宝宝你说，你的牛奶和爸爸的牛奶，味道是一样的吗？"

让孩子猜猜答案，并且说出为什么。你还可以动动手，跟孩子一起用实践检验结果。用贴近孩子生活且他感兴趣的问题，可以让本来很抽象的分数、比例的概念变得具体起来。

请注意，在介绍这些技巧时，我一直强调用实物或者用画出来的方式，这其实是利用了孩子大脑的特点。

> **脑科学研究发现，人脑中与数学相关的脑区和处理空间信息的脑区是非常相似的，我们的抽象数学运算其实借助的就是我们的视觉空间能力。**

孩子学习数学也一样，开始的时候一定要和实物，特别是在空间中放置和排列的实物相关，才能更快更好地帮助他们掌握抽象的数学规则。

Dr. 魏的小叨叨

不要让孩子把所有数学学习的时间都花在练习算数上，数学推理能力比算数更重要！我列举了三种用推理技巧帮助孩子学数学的例子。另外教孩子数学时，不要以成人的标准去要求他，用实物、图像、数轴等具体的方法，更利于帮助孩子理解抽象的数学规则。

|4| 元认知，提高孩子学习力的关键

孩子天生善于学习，他们一出生就在积极探索周围的一切，并结合不同的信息源进行学习。科学家们甚至从孩子的学习机制中获得启发，让机器人像婴儿那样学习。

> 学习能力是孩子发展的基础，也是未来生存的最核心竞争力。

在孩子各种各样的学习能力中，有一种最为重要，那就是"元认知"能力。它就像武学秘籍《九阴真经》一样，掌握了它，不仅各个学科的学习，甚至记忆、情绪等认知能力，都能得到提高。

元（meta）是"关于……的知识"的意思，元认知就是关于自我认知的知识。不过，这可不是什么新鲜的学习方法论，早在 2500 年前，孔子已经暗示过他的弟子子路："由，诲汝知之乎！知之为知之，不知为不知，是知也。"翻译过来就是，子路啊，我告诉你对待学问的态度吧！知道就是知道，不知道就是不知道，这样才是真智慧。也就是说，你既要知道你知识的边界在哪，也要知道你无知的程度有多少。

──● 元认知是孩子学习的好帮手

从现代脑科学的角度看，元认知是一种有意识地控制和反思自己知识的能力，是由大脑的司令部前额皮层掌管的高阶认知技能。很多人开玩笑的时候喜欢戏谑别人一句："你心里难道没点儿数吗？"老实说，作为一个研究脑认知科学的人，我听到这句话时第一个想到的是：不能怪这个人，可能他的元认知能力不行，他关于自我的认知不够，无法理性地觉察、评估和控制自己的想法和状态，他是真的心里没数啊！

玩笑归玩笑，很多研究发现，"心里有数"很重要。那些元认知能力好的孩子，学习成绩也会比较好。我还发现，成绩优秀的学生，往往不是靠死读书来学习，而是善于监控和调节自己的学习状态。

如果遇到一道数学难题，他不会急着算答案，而是首先问自己："这个问题要求我做什么？老师为什么给我这个问题？这与我在数学课上学的东西有哪些联系？啊！我想起来了，我在课堂上看到过类似问题，那么，肯定有一个相应的数学公式可以解决这个问题。"然后，他就可以查找书本或者回忆公式，算出正确答案。

> **善用元认知策略的学生，会从知识点的表面结构出发，找到问题的深层知识结构。**

你可能想说，总觉得元认知策略是大孩子才能掌握的，我家宝宝还太小，能做到吗？以前的研究确实认为，学龄前儿童对自己的心理状态无法深入地反思。然而最新研究成果发现，即使是 3 岁的孩子，也有反思自己知识的能力。他们能够衡量自己的记忆，并且根据自己对记忆的评估来做决定。

那么，该怎么培养孩子的元认知能力呢？

——● 明确元认知策略的三个阶段

首先，你可以把元认知策略分为三个阶段：准备、应用和监控、反馈。

拿数学题举例。孩子对数学很感兴趣，你觉得是时候教孩子乘法了。你可能会首先替孩子想一想，可以用什么知识、找什么资源。这是准备阶段。然后再找一些需要用到乘法的、接地气的数学应用题给孩子做，这是应用阶段。最后你不仅监控孩子学习的进程，还给孩子算分数，给他学习效果的反馈，这就是反馈阶段。

不过，在实际学习的过程中，元认知策略的三个阶段不是严格按照顺序进行的，而更可能是以交互的方式进行的。比如你监控到孩子做题的时候错误率很高，于是你打破顺序，重新准备背景资料，降低难度。

——● 做孩子的"元认知发声器"

由于孩子的语言表达能力有限，特别是能表达他自己心理过程的元认知词汇储备不够，所以，即使他有元认知能力，也可能无法顺利地告诉你他的心理过程。这时候就需要你暂时充当他的"元认知发声器"，多跟他谈话，鼓励他洞察自己的学习状态，把心理状态说出来或是帮他说出来。

还是拿数学题做例子，你可以跟孩子一起制定目标，并且引导他："宝宝，我们今天要学会 10 以内的乘法，你知道我们可以去哪儿找这些知识吗？"在这个过程中，让孩子觉察到他知道什么，孩子可能回答说："老师说过可以对照口诀表。"于是你跟孩子一起找到了乘法口诀表。

做题的时候，你监控到，孩子无法将乘法口诀迁移到应用题上，你可以说："宝宝，我发现你有好几道题都没做对。我们现在的问题是，虽然查得到口诀表，但还是不知道怎么应用，你觉得是不是啊？"这个过程中，让孩子觉察到他不知道什么，这就是元认知的反思过程。

──● 让孩子准确估计自己的能力

"让孩子觉察到他不知道什么"很重要，这实际上是让孩子准确提升自己的能力。

> 一般人总是相信自己知道自己在做什么，而忽视了自己可能不知道的知识，同时倾向于高估自己的能力，低估别人的能力。

克服这种倾向的"解毒剂"是元认知能力，就是能够思考和认识自己的优势和局限。比如有研究发现，经过元认知培训的学生，能够准确地估计自己的能力，在化学期末考试中得分更高了。我想强调的是，这个效果当然不仅限于化学学习，元认知培训可以应用于所有的学习过程中。

一旦孩子能够意识到"我以为这个知识点我已经会了，但其实我还不理解"，他就能调整他的学习模式，在自己最弱的地方做好准备。

怎么做才能帮助孩子准确估计自己的能力呢？每次给孩子练习、测试之前，都先让他预测一下自己的成绩。比如，让孩子弹钢琴的时候，问问他："你觉得顺利完成钢琴考级要花多长时间？"然后，及时给孩子反馈。再比如："你觉得一个月就能练习完考级的曲子，不过，你今晚只练熟了一小部分，照这个速度我们可能无法顺利考级。现在有两个方案，要么我们加长练习的时间，要么我们修改一下考级的计划，你觉得怎么样？"根据反馈不断调整个人的学习计划，孩子对自己能力的估计也会越来越准确。

很多孩子容易高估自己，原因是他们的父母本身对孩子抱有过高的期望。我们希望孩子能成功，在任何地方都有竞争力，所以我们总希望他能做得更好。这样的心理会影响到孩子对自己能力的估计。如果你想提升孩子的元认知能力，你要对孩子有一个理性的认知，不要过高或者过低地评价他。

Dr. 魏的小叨叨

元认知是关于我们对自身认知的知识、觉察。使用元认知策略能让孩子更好地思考和学习。元认知策略包括学习前的准备、学习的应用和监控，以及反馈。这个过程中你要做孩子的"元认知发声器"，多跟孩子谈话，鼓励他洞察自己的学习状态，并且帮助他正确估计自己的优势和劣势。需要强调的是，我们可以在孩子还小的时候，抓住恰当的时机传授给他元认知能力，这是提升他的学习力的行之有效的小诀窍。

|5| 怎样加强孩子的"数感"?

我在《给孩子的未来脑计划》中，讲过一些孩子学数学的方法，建议把数学和日常生活结合起来，鼓励家长跟孩子一起把数学"玩"起来。有些妈妈说有启发，但也有妈妈吐槽说："魏老师，你的方法好是好，但在我家不管用。我按照你说的，借助实物让孩子理解数量的概念，装一盘橘子问他有几个，他明明点着数到5，最后却说有3个！这么笨的孩子怎么教？"

我觉得这位妈妈冤枉孩子了，孩子不笨，这样的表现再正常不过。我反思了一下，要怪我没把"数"讲清楚。我还没有详细讲过数学启蒙的最初级的部分，就是理解数字的概念，以及最简单的数数字的数感。这一节我就来详细拆解一下孩子学习"数数"的过程，告诉你怎样在日常生活中加强孩子的数感。

——● 三种不同的"数"

为什么孩子会"明明点着数到5，最后却说是3个"呢？

你可能不知道，当我们看到"5"这个数字时，大脑中会同时处理三个信息：一个是它的读音"wu"；一个是视觉符号 5，像一个弯弯的钩；还有一个是比较抽象的数量概念。

> 简单的一个阿拉伯数字，涉及了大脑中很多脑区的活动，和它相关的不同性质的信息都有专门的大脑回路来处理。

因为成年人的大脑已经非常熟悉阿拉伯数字和它的含义，所以我们的大脑几乎可以自动化地进行处理，在意识层面上都感知不到费力。听起来挺玄乎的，下面我改变其中一个信息的性质，你可能做起题来就慢了。

1. 请听题，5+4=？
2. 请听题，five plus four equals to？
3. 请看题面，IV+V=？

你做后两题花的时间，是不是比做第一题花的时间多？因为你要额外花费精力去处理不熟悉的声音符号和视觉符号。第二题是用英文说的，是不熟悉的声音符号。第三题是用罗马数字写的，是你不熟悉的视觉符号。这就是我前面说的，我们平时对阿拉伯数字的视觉和听觉信息太熟悉了，所以用阿拉伯数字做运算毫不费力，但是如果用别的视觉和听觉信息来表达数字，我们就会感觉困难很多。

回到孩子身上。孩子点着数到 5，实际上已经掌握了比较高阶的数字能力，懂得口语数字与眼前物品的一一对应，但他最后说 3 个，是还没有完全理解数量的概念，顺口说一个自己喜欢的数。有研究者测试了 2 岁半到 3 岁半的幼儿园托班宝宝，发现有 60% 的宝宝会点物品数到 10，但只有 15% 的宝宝能够做到 10 以内的点物品数数并且正确说出总数。

实际上，人类天生就有对数量的概念。科学家发现，不论是还没学会说话的宝宝，还是完全没有接受过任何教育的大人，都有一种直觉——可以粗略地估计数量。神经科学的研究也为数感找到了证据，发现人类婴儿一出生，就有专门与数字数量相关的大脑结构，独立于支持语言处理的大脑结构。也就是说，数感不依赖于语言或者教育。这一点很好理解，你想象一下，在森林里，一群原始人去找食物，他们环顾四周，要估算判断哪棵树上的果子多，才有可能吃得更饱。这是一种先天的能力。

数感在孩子生命的第一年就出现了，在他长大的过程中，还会逐渐提升，他的估算越来越准确，能处理的数字越来越大，加上语言符号和数字符号这两样武器，孩子的数学能力越来越强。你可以这样想：

先天的支持数字能力的神经认知系统就像一个骨架，提供基本结构；后天的各种数字游戏和活动，则在骨架的基础上提供血肉，加在一起形成有生命力的数字能力。

那么，怎样帮助孩子提升数字能力呢？重点在于建构"关系"，把真实的数量与数学符号、口头数出来的数字联系起来，在不同的数量、不同的符号系统之间建立联系。孩子在日常活动中就可以建立这些联系，利用环境推动自身数字能力发展，为将来正式学算术打下基础。下面我就来介绍几种提升孩子"数感"的日常小游戏。

──● 口头数数

第一种方法就是口头数数，即教孩子数字的语音表达，也被称为"唱数"（注：三声）。你可能会说，这也太简单了，谁没用过？就像背儿歌一样，从孩子会说话开始你就教他数数，1、2、3、4、5、6、7、8、9、10。是的，在这方面，咱们说汉语有优势，从1到10，每个数就一个音节。有学者调查过一群幼儿园孩子，发现从2岁到2岁半，孩子的口头数数能力有一个跨越，2岁孩子平均能数到2，2岁半的孩子平均就能数到9了，到4岁的时候，孩子们平均能数到30。

但数数游戏并不像你原本以为的那么简单。考查孩子对口语数字的敏感度，你还可以请孩子来判断别人数得对不对。比如你可以跟孩子玩这样的游戏，你假装是学生，孩子是幼儿园老师。你对孩子说："老师，我数数给你听，你看我数得对不对？"然后你正确地数、故意漏数、故意弄错顺序，看看孩子能不能发现。

当孩子顺数和识别其他人的数数都熟练之后，你可以引入更多的"高阶数数游戏"。比如，倒着数，这也很考验孩子的抑制控制能力；再比如，跳着数，两个两个地数，1、3、5……五个五个地数，5、

10、15、20……还可以玩"找邻居"游戏，问问孩子，3的邻居是谁，谁住在它前边，谁住在它后边。这些纯粹的口头数字练习，随时随地能玩，不需要任何道具，还能为下一步将真实的数量与口头数字建立联系搭好架子。

──● 点数并说出总数

第二种方法，利用实物或动作，帮助孩子理解数数与数量的关系。数量是一种相对抽象的概念，比如3个橘子、跳跃3次、3个小时、3米高，这些物体、动作、时间、空间都有一个性质是3。怎么让孩子理解呢？用实际的物品或动作效果更好。

开头我提到的那位妈妈让孩子数橘子的做法非常聪明，因为孩子对吃的东西肯定感兴趣啊。她教孩子的方法，可能是"点数"，请孩子手指点一个橘子，嘴里数一个数。这种方法需要孩子专注于眼前的物品和说出来的数字，并且一一对应，并不容易。有的孩子数着数着就错了，1、2、3、5、6……；有的孩子指得慢，数得快，手指还在第3个橘子，嘴里已经在念4了；有的孩子指的时候会重复或者漏掉。所以，这种练习不嫌多，有机会就多试。比如吃饭的时候，让孩子摆碗筷，一边摆一边数："1、2、3，放3个碗，1、2、3，再放3个小盘子。"

怎样避免数到5还以为是3个？我教了女儿一个特别简单的方法：数到几，就是几。我和女儿比较喜欢的点数游戏，是走楼梯和踩砖块。身体的动作能帮助孩子感知数量的变化，非常直接。上下楼梯一边走一边数，踩砖块是一样的道理。我们常去的小广场上铺的是小块方砖，可以踩一块数一块；还可以一次跨两块，两个两个地跳着数。最好玩的是跳砖块比赛，我和女儿都站在相同的起点，看谁先跳过 20 块砖，当然我是单脚跳，她怎么跳都行。每跳一次，就说出自己一共跳了多少块砖，如果踩到线，就退回去一块。比如我第一次跳 3 块，说 3 块；然后又跳过 2 块，就说 5 块——在这个过程中，已经有了加法的成分，只是孩子还不知道这叫加法。

──● 熟悉书面符号与数量的关系

孩子学习数数的过程其实比较短，很快他就会跨过这个阶段。孩子会数数之后，认识书面数字符号几乎是水到渠成的事。咱们的生活环境中，到处都是数字。公交车，用数字编号；汽车号牌上，有数字；超市里，价格标签上有数字。当孩子兴致勃勃地指着数字问你"那是什么"的时候，你能给他读出来，孩子就能明白"哦，我念的那个 3，原来长这样啊"。

不过，从实物点数计算，一下子跳到在大脑中操作数字，对孩子来说难度还是比较大的。在这二者之间，你可以用实物图像来帮助孩子搭一座桥。我家有一块小黑板，跟女儿玩数字游戏的时候，我会在黑板上画实物，把数字对应的数量通过不同形式重复展现，比如这次画的是苹果的数目，下次可能是花的数目。这样，她就能更好地理解书面数字、口头数字与数量之间的关系。

我们常用纸牌玩数字游戏，也是一样的道理。牌面上有黑桃、方块这些图形符号，比如黑桃 7 上会画 7 个黑桃形，这能帮助孩子理解和处理数量。一般来说，纯粹数字的个位数计算，孩子要到 6 岁左右才可以完全掌握。当然，如果平时常玩数学小游戏，孩子可以较早地掌握抽象的数字运算。

──● 比较与估算游戏

还有一种有趣的游戏，就是比较或者估算。前面说过，孩子不到 1 岁时就有模糊估算、比较数值的能力，这种能力还会随着年龄增长而增强。

这个游戏怎么玩呢？举个例子，你把 5 块糖放在一起，再把 10 块糖放在一起，问孩子哪一堆糖多。或者，来一个难度稍微高一点的，把 8 块糖放在一起，跟 10 块糖那堆比，问问孩子哪一堆多。我猜，你家孩子正确回答第一个问题的可能性更大。这种比较游戏是低年龄孩子就可以尝试的。

估算游戏就要年龄稍大一些的孩子来玩了。还是用糖果来举例子。最简单的，你抓一把糖放在桌上，问问孩子有几颗，跟孩子比一比，看谁猜的最接近准确数字。难一点的，猜猜整个罐子里有多少糖，看谁猜得又快又准。当然，猜完以后你可以允许孩子用任何方法去验证一下，一个一个数也行。你很可能会发现，玩了一阵子以后，孩子可能看一眼，就能把一把或者一罐子糖果的数目给估计出来。

---● **神奇的棋盘游戏**

棋盘游戏也是一个提升孩子对数字感知能力的好方法。卡内基梅隆大学的心理学教授罗伯特·西格勒（Robert Siegler）带领团队做过一个实验，一共 58 个 4 岁左右的孩子被分成两组，玩两种不同的棋盘游戏。一组孩子玩数字游戏，另一组孩子玩颜色游戏，都是在两周之内，一共玩 4 次，每次玩 15 分钟。

数字游戏怎么玩呢？"道具"是一个长纸板、一个骰子和两个带动物图案的圆纸片。纸板上从左到右画 10 个方格，每个方格里写着一个数字，从 1 到 10。在 1 的左边，是"开始"的位置。骰子有三个面是 1，另外三个面是 2。游戏开始时，孩子可以挑一个他喜欢的动物图案圆纸片，放在"开始"的地方，然后跟大人轮流扔骰子，扔到几，就往前走几步，同时大声念出方格里的数字。比如，如果孩子原来在 7，骰子又扔到 2，那么他要从 7 往下接着数两个数，"8、9"。谁先走到 10，谁就赢了。颜色游戏跟数字游戏规则一样，只不过把数字都换成颜色而已。

结果，这 4 次游戏，加起来才用了一个小时，就产生了明显的效果——玩数字游戏的孩子们，数轴估测、数数、数字识别、数量对比的能力都有提升，这种提升甚至在两个月之后还测得到。玩颜色游戏的孩子则没什么变化。

后来，西格勒教授团队还做了进一步的实验，他们想看看，不用长条形纸板，改用圆形纸板，对孩子的数学能力提升有没有影响。数字游戏还是和以前一样，只是纸板变成了圆形。另外，他们还和常规的幼儿数学活动进行了比较。他们将一群 4~5 岁的孩子分成了三组：一组还是玩刚才介绍的那种长条形纸板做的数字游戏，第二组的游戏规则跟第一组一样，只不过纸板由长条形变成圆形，把一个圆形平均分成 12 个扇形，顶上两个扇形是"开始"和"结束"，然后顺时针或者逆时针在扇形里标注从 1 到 10 的数字。第三组孩子做我们比较熟悉的数一串数字、点数物品、认数字等常规数学活动。实验活动一共持续三周，孩子们玩 5 次游戏，每次 15~20 分钟。

你猜结果怎么样？玩长条板数字游戏的孩子收获最大，他们在数轴估测、数数、数量对比和计算四个方面都有特别明显的提升，比玩圆形板数字游戏和常规活动的孩子进步都大。是不是很神奇？我们来仔细看看这个长条板数字游戏的奥秘所在。

首先，我们注意到，把游戏板换成圆形，效果就没那么好了。这是为什么呢？长条形的游戏板像一个数轴，孩子在玩游戏的时候，一步一步向右走，数字也越来越大，这与数字在数轴上的关系是一致的。有证据表明，成年人和大一些的孩子常常在大脑中用类似数轴的形式来代表数值。所以，用长条形这样线性的游戏材料，刚好跟这种数值的表征方式相符合。在这里，科学家提出的是一个认知取向的理论框架，用于考虑物理材料怎样最有可能产生有效的学习。顺便说一下，西格勒教授还发现，如果孩子小时候对数值和数轴的数学直觉好，他上小学和中学时的数学表现也会好。

其次，你注意过孩子玩游戏时是怎么数数的吗？纸片在方格上移动的时候，纸片在哪个格子，孩子就念哪个格子里的数字，然后接着原来在的格子数字往下数。一般咱们玩这种游戏的时候，如果骰子扔到"2"，就从当前的一格往前跳，数"1、2"。但如果这样的话，只能练习数"1、2"这个数字串。而在实验中，游戏要求孩子接着往下数格子里的数字，这样，孩子一方面需要把格子里的数字符号与自己念的数字发音对应起来，从而认识数字；另一方面，孩子还在不知不觉中做了加法运算。比如从5开始，移动2格，孩子读的是"5、6、7"，5+2=7。同时，这种玩法非常直观地显示了数量之间的比较：移动得越多就越往右走，而且数字变得越大。

> 如果在玩游戏的过程中，孩子对数字与数值大小之间的关系进行编码，在后来的测试中大脑就可以更容易提取这些编码，从而更好地完成计算任务。

还有非常重要的一点，在玩游戏的过程中，孩子自己数数，自己动手移动纸片，他的视觉、听觉、动觉和时空线索都与数值大小产生关系，形成一个综合的线性结构。方格里的数字越大，孩子移动纸片的次数越多，听到、说出的数字越多；移动纸片的距离越大，玩游戏花的时间越长。比如，孩子要把纸片移到2，他要用手移动两步，空间距离大概是两个方格；如果把卡片移到4，他的动作和所用的时间是移动到2的两倍，总共移动的距离也是2的两倍。在一定程度上，孩子自己的动作知觉线索会影响到这样的数学学习。所以，要让孩子自己动手移动纸片，只看着别人移动就没有那么多的线索了，效果也没那么好。

●　如何在家玩棋盘游戏

这么神奇的棋盘游戏，你是不是已经迫不及待想要玩起来了？你可以参照科学家们的方法，用家里的废纸板自制游戏"道具"，注意，格子大小一定要一致。或者买现成的蛇形棋也行，买的时候注意看游戏板，最好是一行有 10 个格，从 1 到 10，再从 11 到 20 的那种，因为我们现在数字常用十进制，逢十进位，这样的数字呈现方式更有利于孩子理解。有些蛇形棋可能是 8×8 的格子，到 9 的时候就换一行，用来学习数学的时候效果就没那么好。

在跟孩子玩的过程中，参考科学家们使用的实验方法，注意下面这几点。

第一，鼓励孩子自己大声数出来。孩子一边移动纸片一边数，就会更加注意这些数字之间的顺序关系，这有利于孩子发展数字直觉。如果孩子数错了，不用刻意去说他错了；你自己指数格子上的数字，重新数一遍正确的就行。

第二，要从当前位置继续数，不要只数骰子上的数字。前面我们说过，在游戏过程中，孩子会特别注意到格子里的数字符号，可以对数字符号、数字读音、数值以及数值之间的关系进行编码，这样学习效果更好。

第三，可以有意识地引导孩子注意他的纸片与你的纸片之间的位置关系，同时引导孩子注意他的纸片离起点或终点有多远，这样能帮助孩子在脑海中形成用线表示数值的概念，帮助他理解数字之间的关系。例如，你可以告诉孩子："纸片离终点越近，方格里的数字越大。""我的纸片跟你的纸片之间的小格子越多，我们俩现在的数字差距越大。"

📋 Dr. 魏的小叨叨

　　帮助孩子发展数字能力，重点在于建构"关系"，把真实的数量与数学符号、口头数出来的数字联系起来，在不同的数量、不同的符号系统之间建立联系。你可以通过数数游戏、高阶数数游戏、点数并说出总数、比较与估算等游戏、棋盘游戏，利用生活中无处不在的数字，随时随地跟孩子玩起来。

　　特别是棋盘游戏，简单易玩且效果惊人，这个游戏利用了大脑运作的特点，有意识地把数学和空间信息结合起来。跟孩子玩数字棋盘游戏，好处远远不止于数学方面。普渡大学的年轻学者发现，在家经常玩数学游戏的孩子，词汇量也更大，可能是因为爸爸妈妈在跟孩子做数学活动的过程中，会用到更丰富的词语。玩棋盘游戏还有很多其他好处，比如，通过玩游戏，孩子能学会理解和遵守规则，学会轮流和耐心等待，学习总结经验、调整策略，学习正确地面对输赢。

　　最后我要强调一下，数学启蒙做与不做，做得好与不好，效果差别很大。很多人问我数学启蒙应该怎么做，其实本节讲的就是数学启蒙最开始的部分，恰恰也是低年龄孩子适用的方法。请你从现在开始，给孩子一个有数学意识的环境，在日常生活中潜移默化，用游戏和对话的方式让孩子熟悉数字，开始孩子的数学启蒙。

|6| STEM 教育，在家也能进行的学习活动

我在《给孩子的未来脑计划》一书中多次提到"STEM 教育"，引起了一些家长的提问。最近和几个朋友讨论什么是适合未来的教育，其中也有人提到了 STEM 教育。

STEM 教育的概念越来越流行，那么它到底是什么呢？

STEM 是科学（Science）、技术（Technology）、工程（Engineering）和数学（Mathematics）的英文首字母缩写。美国人相信，科学、技术、工程和数学是促进国家科技发展的重要竞争力，学习 STEM 领域的相关知识，既能培养出对国家未来有用的人才，也是经济发展的关键。

看到这你可能想说，说了半天，原来 STEM 教育不是什么新鲜事儿，不就是我们说的"学好数理化，走遍天下都不怕"吗？这种观点在国内都流行几十年了。况且，理科教育，美国哪能跟我们比呢？很多中国父母老早就给孩子报数学班、编程班了。

回答这个问题之前，我想先请你想想这个场景：如果有一天你家娃问你月亮为什么有时候像眉毛，有时候像饼干，你会怎么回答？

你是说不知道呢，还是告诉孩子，月亮的阴晴圆缺是由地球的阴

影造成的？或者你不确定怎么回答，于是找了一本相关的绘本，给孩子读一读？

这是一个常见的认知错误。实际上，我们看到的月亮的形状是由地球和月亮的相对位置决定的。只有月食的时候，月亮的阴影才是由地球造成的。而且不光是你，很多绘本，包括得了凯迪克大奖的作品，也常常会犯这类错误。凯迪克大奖可是绘本界的诺贝尔奖啊！

我们每天都能看到月亮形状的变化，也会从绘本等媒介中习得一些观点，可是我们没有细心观察过这个世界，并且搜集数据资料去检验自己的观点。

──● 关于思维方式、学习方式的教育

STEM 教育这个词有多种变式，有人说要加入艺术（Arts）的缩写，变成 STEAM，后来又有人说再加入机器人（Robotics）的缩写 R，变成 STREAM。你有没有发现这个单词越写越长了？以前也有家长跟我说，Dr. 魏，你写错了，你少写了几个字母。

STEM 教育的重点不在于多加了几个字母，它重视的不只是学科，也不只是你学到什么知识，而是重在思维能力和学习方法。

> STEM 教育的目的是创造一种超越所有学科之上的"元学科"，通过它来教你运用知识探索这个世界运行的规律。

研究发现，如果学生在 STEM 项目中学会逻辑推理、假设验证等方法，那么他们会深入探索学科知识，成为更好的问题解决者。他们更懂创新，智商也会提高。

我的好朋友阳志平老师提出过 21 世纪的元学科理论，他认为思维教育由两个黄金三角形构成，第一个黄金三角形是古典教育，它着重培养以古典哲学为基础的理性思维、数学思维和以文学诗歌艺术为代表的美学思维。我之前讲过的因果关系的推论、数学的三大思维、音乐启蒙等话题侧重的就是古典教育。然而，只有古典教育，孩子还适应不了未来科技的发展趋势，于是就有了第二个黄金三角形，即面向未来的教育，其中包括以现代认知科学为代表的理性思维，以计算机科学为代表的计算思维，以及以网络科学为代表的复杂思维。我一再强调的"大脑神经可塑性"和贝叶斯定理，侧重的就是未来教育。这些思维教育比给孩子灌输多少知识，带他们听多少讲座，给他们买多少科学玩具更重要。我倡导"科学养育"的理念，就是希望在儿童教育阶段，给每个孩子更科学的教育体系，以脑和认知科学为衔接，将古典教育与未来教育结合，大幅提高孩子的思维能力。

回到 STEM 教育。你可能觉得你家孩子还太小，STEM 教育是他们上学之后才需要考虑的事情。其实，STEM 教育涉及上至博士后、下至幼儿园的一切课上或课下的学习活动。美国的研究发现，如果家长在孩子上幼儿园的时候就培养他们对自然科学和社会科学的兴趣，那么上小学之后，孩子在 STEM 领域的成绩会大大提高。

> 一个受过 STEM 教育的孩子，应该是在一个科学友好的环境中长大，父母和老师鼓励孩子提出问题，孩子会批判性地思考问题，并且会用实验等方法去验证自己的推理。

你可能又觉得：我家是女孩，女孩会不会天生学不好科学？或者：我家是男孩，男孩会不会天生学不好写作？研究发现，首先，男孩女孩在脑科学层面上的差异非常小，所以我们不要被一些男女偏见误导，影响孩子的发展。其次，空间认知和写作等技能都是可以通过练习改善的。学习的根本机制是大脑神经的可塑性，也就是说在学习的过程中，大脑的能力会扩大。学龄前儿童的神经可塑性最好，他们的学习力也最强，所以越早学习越能消除能力上的性别差异。

虽然孩子的学习能力强，但这不代表你要像老师一样给他们上课、让他们刷题。孩子静坐的能力较差，注意力也不容易集中，如果像老师上课一样给他们解释某个科学概念，他们一般不爱听。2011年的一项研究显示，如果你给孩子玩玩具之前，指导他们说"我给你解释一下这个怎么玩"，这会降低孩子的好奇心和学习的主动性。

那么，STEM 教育到底应该怎么教呢？

——● STEM 教育应该怎么教？

从孩子的角度出发，像孩子一样教孩子

我的第一个建议就是，从孩子的角度出发，像孩子一样教孩子，鼓励他们自己去实践，找解决问题的方法。

美国有一档儿童教育节目叫《芝麻街》，他们也想教给孩子STEM。不过，他们不是找了一位全能全知的老师来教，而是找了一个十分特殊的角色。他们从 15 个不同的角色中，选择了看上去最傻的一个，这个角色做事情冒冒失失的，他对 STEM 一窍不通，而且总是失败。但是，他对任何事情都保持好奇，而且他从来不害怕犯错。你有没有发现，这个角色很像你家的好奇宝宝。

这个角色确实也成了最适合教孩子学习的科学老师，一方面孩子从他身上看到了自己的影子，对他更有兴趣；另一方面，他也教会了孩子一个基本的学习方式，那就是对世界保持好奇，并且在不断试错中学习。

如果你想教孩子 STEM，首先要抛开爱说教的大人架子，允许孩子犯错，也允许你自己犯错，让孩子知道学习的过程是不断试错的过程。然后多找些强调实践、贴近生活的科学活动，鼓励孩子去探索问题的解决方案。

沿着学习路径教孩子

具体有哪些贴近生活的科学活动呢？认知心理学家罗切尔·戈尔曼（Rochel Gelman）认为，想学习完全陌生的概念比较困难，而学

习你已经熟悉的概念则要容易得多。因为这些旧概念就像已经被开辟的小路一样，从这些"学习路径"出发，能带我们走得更远。

对于孩子来说，有哪些适合他们的"学习路径"呢？戈尔曼认为有下面几种：

- 生物的生长和周期变化（比如带孩子养蚕，观察蚕的生长发育）。
- 生物如何移动（比如比较人是如何直立行走的，乌龟是怎么爬行的）。
- 生物和非生物内部构造的不同（比如比较玩具机器人和人体构造的不同）。
- 非生物是如何变化的（比如冰川消融）。
- 结构和功能（比如动物不同的牙齿形状和饮食习惯之间的关系）。
- 差异和分类（比如变温的冷血动物和恒温动物的区别）。

我给每个路径举了一个例子，欢迎你将更多的科学活动跟这些学习路径联系起来。实际上，任何由孩子熟悉的事物引发的现象都可以拿来研究，重要的是在生活中通过耳濡目染让孩子学会科学的思维方法。

注意学习的深度，而不是广度

注意，虽然我给了你好几种学习路径，但正如戈尔曼所说，研究发现，孩子需要更长的时间周期去思考同一个概念，这样他们更能学到东西。

> 最好的学习方式不是让孩子一次性把所有概念全部学一遍，而是围绕一两个核心概念深度学习几个月，让孩子沉浸在相同的主题下，然后换一个概念再学几个月。

你可能会疑惑：一个概念哪能学那么久？其实学习路径都是精炼出来的抽象概念，它们可以应用到广泛的生活实践里去。比如你想让孩子学习"生物的生长和周期变化"这个概念，除了带孩子观察蚕的生长发育，你还可以带着孩子计算蚕的生命周期，画下蚕孵化、吐丝、结茧到破茧的过程。你还可以观察其他动物的生命周期，比如蝴蝶、青蛙、鱼、狗的生命周期有什么不同。你还可以观察植物是如何生长的，以及植物跟动物的不同。对于我们人类自己，我们的健康和我们的人生阶段，这些生命教育的内容也可以趁机跟孩子讨论。

而且，学习的方式也可以多变，比如跟孩子一起读读绘本，看看科学纪录片，在家里做做小实验，去动物园、自然博物馆亲眼观察，把观察和感想输出成作品。不同形式的学习有利于孩子加深理解和感悟。

最后我要叨叨一下，我说的这些学习路径不是唯一的。一千个家庭的孩子就是一千个哈姆雷特，你家娃可能就是对小汽车、挖沙子或捡东西特别感兴趣，而对一些科学知识没有感觉，这是正常的。你只要给他更多时间和陪伴就够了。还是那句话，孩子具有可塑性，只要你支持他的探索活动，他就能学到科学的学习方法。

Dr. 魏的小叨叨

STEM 不是关于学习，而是关于学习方法的教育，所以，不管你家娃是女孩还是男孩，都可以尽早开始 STEM 教育。不过，不要说教，而是要允许孩子试错，从孩子的角度出发，像孩子一样教孩子，鼓励他们自己去实践，找解决问题的方法。我提供了几种适合孩子的学习路径，你可以将更多的科学活动跟这些学习路径联系起来，让孩子在生活中耳濡目染，学会科学的思维方法。总的来说，大周期地深度学习一两个概念，是最适合孩子的学习方法。

|7| 怎样培养孩子的批判性思维？

上一节我讲了 STEM 教育是关于思维方式、学习方式的教育，其中就包括培养孩子的批判性思维。

说到批判性思维，我想起有一次参加一个讲座，有一位小学老师分享教学经验时说："批判性思维非常重要，我就特别有批判性思维。不管是哪个专家教授来讲学，我都能提出批评意见，反驳他说的话。所以，我们也要教我们的孩子批判性思维。"我当时开玩笑说："你这不叫批判性思维，你这是在玩'找碴儿'游戏。"

可能很多人像这位老师一样，对批判性思维有两个大的误解：第一，以为批判性思维就是去批判别人；第二，以为我们可以"教"会孩子批判性思维。

先来说第一个误解。其实，批判性思维是一系列认知能力的集合，比如推理、判断与决策、问题解决等思维过程。更具体点儿说，批判性思维包括预测、猜想、逻辑推断、验证假设、判断因果关系、形成观点、反思等诸多技能。所以，不要以为反驳别人的观点就是批判性思维，它是我们对思维的思考，是一个更加综合的认知过程。

> **批判性思维不算是一个严格的科学概念，它是一系列认知能力的集合。**

再来看第二个误解，我们是教不会孩子批判性思维的。你可能以为，批判性思维跟我们学用筷子一样，一旦学会了怎么使用，就永远掌握了。数十年的认知科学研究表明，批判性思维不是一套你学了就可以应用于任何情况的技能。它说容易也容易，没有做过思维训练的三四岁小孩就有一部分批判性思维能力了，比如因果推理能力、对条件概率的判断力；可它说难也难，就算是成年人也会在这上面栽跟头。

——● 认识事物的深层次结构

有一道简单的数学题，请你思考，然后第一时间写下你的答案：

球和球拍的总价是 1.1 美元，球拍比球贵 1 美元，请问球的价格是多少？

很多人的第一反应是 0.1 美元。可是只要稍微想想就会发现这个答案不对，球拍比球贵 1 美元，难道说球拍是 1.1 美元，总价不就是 1.2 美元了？正确的答案，球的价格是 0.05 美元。

这个看似简单的问题是诺贝尔奖得主、心理学家丹尼尔·卡尼曼拿来测试美国麻省理工学院、普林斯顿大学和哈佛大学学生的理性思维的，结果发现大部分高才生都答错了这道题。

为什么受过多年批判性思维训练的知名学府的学生，也不会批判性地思考问题呢？

人类天生爱偷懒，我们喜欢做直觉判断，一般只思考问题的浅层意思，这么做的好处是能帮助我们更快地理解事物，坏处是我们很难去认识事物的深层次结构，而认识事物的深层次结构恰恰是批判性思维需要的。一些人不知道球拍和球的价格，他们更依赖直觉而不是将球拍和背后的一元一次方程联系起来。同样的道理，如果你只是反复告诉孩子"看问题要从多个角度出发"，他确实学到了这句话，知道应该这么做，但是如果他遇到了陌生领域，或者他不太了解的问题，还是一样不能从多个角度去思考。这是因为，如果你对一个领域很熟悉，自然而然地会从多个角度思考，考虑证据的有效性，考虑最新的甚至与自己原有观点相违背的证据。可是如果不熟悉这个领域，即使你知道应该全面考虑，也不知道从哪里着手。

再举一个例子，有研究者请来美国大学生和中国大学生，想测测他们的批判性思维能力。他们问大学生们这样一个问题：有一个人去山上寻宝，他没有地图，只有一个手电筒和包，为了确保不迷路，他该怎么做呢？

解决这个问题的办法是随身带一把沙子，撒在沿途留下踪迹，以便追踪路径。结果发现，大约75%的美国大学生想到了这个解决方案，但是只有25%的中国学生想到了。

你是不是想说，中国人的批判性思维确实不如美国人。其实不是这样的。美国大学生之所以能回答对问题，是因为他们从小听过很多类似的童话故事，也是讲如何在旅行的时候留下痕迹，而我们中国学生很少听类似的故事。当研究者把故事换成中国人熟悉的民间故事之后，这个实验的结果就反了过来，变成大多数中国人能解决问题了。你看，在一个领域熟练应用的批判性思维技能，不一定能迅速平移到另一个领域去使用。比如，一个推理能力很好的孩子，不代表他的判断能力和决策能力也很好，也不代表他一定能做对所有的推理题，遇到陌生领域的题目他一样做不好。

> **批判性思维能力不可教，因为它严重依赖于你对一个领域的知识掌握了多少。**

既然这样，那还要不要培养孩子的批判性思维呢？当然要。具体该怎么做呢？你可以从三方面入手。

——● 积累一定的领域知识和实践

一个人能批判性地思考，不代表他能一直做到这一点，因为背景知识、实践经验等都会影响他的批判性思维能力。如果你教孩子，本来有 5 个苹果，被爸爸吃掉一个，还剩 4 个，5-1=4。孩子懂了。然后你再问孩子，市民组织花车游行，本来决定绕城市转 5 圈，后来决定少转 1 圈，最后实际上转了几圈？孩子可能就会犯迷糊，得多想一会儿。因为在孩子的头脑中，第一个问题是吃苹果，孩子非常熟悉，第二个问题是花车游行，孩子没参加过啊。

所以，我认为应该尽早有意识地帮孩子积累一些领域的知识，为他们遇到的每一个新问题建模。比如，你可以多跟孩子解释一下"花车游行"的意思，甚至可以带孩子去游乐园看一看。在解决新问题的过程中，再来教孩子怎么批判性地思考。

还有一点，很多孩子其实已经了解了大量的领域知识，他们最大的问题是缺少练习的机会。比如，不是解释完花车游行就够了，你最好再用同一个例子，给孩子多出几道题，让他练习新概念。给孩子足够的时间和机会来练习新学的概念，直到最后熟练掌握解决问题的方法，这样孩子对问题才能理解得深入，遇到类似情况才能自动调用批判性思维。

——● 在日常生活中教孩子使用批判性思维

在平时玩耍的时候、亲子阅读的时候，以及大量日常的具体情景和具体内容中，你都可以顺带引导孩子进行批判性思考。

> 生活中处处都是批判性思维的应用场景，我们根本不需要给孩子报专门的批判性思维班，最好的方法就是在日常生活中，随时随地教孩子。

比如，我带女儿去动物园。她在海洋馆里面看见鲸鱼和海豚，我告诉她其实它们都是哺乳动物，和狗啊猫啊之类的动物是类似的。我女儿就非常惊讶，因为她觉得鲸鱼和海豚应该是鱼类。我们知道，孩子对鱼类和哺乳动物有直觉的分类，觉得在水里游的应该是鱼。回家以后，我把动物的分类原则给她好好地解释了一下，她就理解了生物学家在分类上应用的因果对应关系。

我们还可以随时随地用对比的方式看两件事物。逛超市的时候看看胡萝卜和南瓜，问问孩子，它们有哪些相同点，有哪些不同点。颜色、形状、味道、大小等，可以从各个角度来比较。我女儿有一个答案特别有趣，她说："南瓜可以刻成南瓜灯，胡萝卜不行。"我就引导她再深入一步观察，我说："是的，但是你知道为什么吗？我给你一点小提示，南瓜和胡萝卜，哪个里面更硬、更难挖？哪个里面有瓤？"

我喜欢女儿能和我摆事实，讲道理。比如她想要买什么东西，或者要我带她玩什么，她需要给出理由，用一二三的证据和逻辑来说服我。这个过程就是她不断地练习如何推理别人的诉求（也就是我的诉求），结合自己的目标，说出有说服力、有逻辑理由的推理过程。在这个过程中，如果她的推论有错误，我会指出来。慢慢地，她说话就会开始有理有据。

亲子阅读的时候，也是培养孩子批判性思维的好时机。比如，读完《咕噜牛》，你可以问问孩子："你认为，如果老鼠没把咕噜牛吓走，结果会发生什么事？为什么？"这样有逻辑的讨论，鼓励孩子论述，给出多个理由。还可以鼓励孩子下结论："小老鼠勇敢吗？你为什么这样认为？"问问孩子的观点："你喜欢这个故事吗？为什么？"

——● 观察、假设、检验、反思和调整

我习惯科学的思维方式，陪女儿玩的时候，也会教她观察、假设、检验、反思和调整这些步骤。其实不是让她背这几个词，而是要动手实验，用具体的内容教她科学的思考方法。

2017年冬天北京下雪不多，好不容易遇上一场雪，我们赶紧出去玩，在雪地里踩脚印、扔雪球。玩了一会儿我女儿发现，雪花在手里会"变没了"，变成了水。她特别好奇，来问我这是怎么回事。我说："你猜猜？"她说："可能是手捏得太紧，把雪花捏碎了。"我放一点儿雪花在手心上，摊开手给她看，她发现，雪还是会变成水。我告诉她，可能是雪花怕热，我们的手温度高，雪花就化成了水。她似信非信，说："你怎么证明呢？"（哈哈，这种想法我挺喜欢的。）我说，家里的温度比屋外的温度高，雪花怕热，回家应该会变成水，咱们试试看吧。我跟她一起拿了一团雪回家，放在碗里。她过一会儿去看一下，边看边嚷嚷："白雪变透明了……透明的雪变成水了……全都变成水了。"然后她又开始思考："雪变成水怎么变得这么慢呢？雪花明明掉到我手上就化了呀？"我就启发她："你手上只有一小片雪花，咱们这可是一大团雪。还有，雪怕热，一般热和特别热，是不是也不一样呢？"她立刻穿衣服跑出去，又挖了一大团雪回来。在暖气片上放一点儿，在阳台上放一点儿，忙个不停。你看，在这个过程中，她先观察到雪会化，然后我们提出一个假设，再去检验这个假设是否成立；她又反思，观察到雪化的速度慢，再假设原因，再去调整条件检验。简单的科学实验，就是这样的一个过程。

Dr. 魏的小叨叨

批判性思维不是一项技能，不存在教会孩子一套批判性思维就能保证他可以应用到各个领域中去。批判性思维取决于人在不同领域的经验，这个经验包括知识和实践。我们需要在具体情景和具体内容中教孩子批判性思维。我常用的一套思维方式是观察、假设、检验、反思和调整，我也常用这套思维方式教孩子，让她自己动手去做简单的实验，进行科学思考。

育儿魏来答

Q1：背景乐算不算干扰注意力？

家长：很多家长为了让孩子浸泡在英语环境或者古文环境中，经常在孩子玩玩具或者去公园玩的时候放一些背景乐，比如《小猪佩奇》、英语儿歌、《三字经》、唐诗之类的，这样做对还是不对呢？背景乐会不会干扰孩子的注意力，还是真的能让孩子浸泡在语言环境中，玩的时候顺便培养了语感呢？我一直对这种做法很纠结，请教一下您的意见。

Dr. 魏：由于人的工作记忆容量有限，我们能够同时处理的事情也就非常有限。如果孩子在处理一些对认知资源要求比较高的任务，比如专心写一道数学题，这时家长在一旁播放英语儿歌，对孩子来说，此时的英语学习是低效的，因为他没有办法投入更多的认知资源去学英语。如果孩子在做一些低认知资源要求的任务，比如走路、跑步，这时可以适当听一些英语音频。

在孩子玩游戏的时候放英语儿歌是否能顺便培养语感，这要看孩子玩的是哪种游戏。如果孩子在玩比较复杂的、需要特别动脑或动手的游戏，其实放英语儿歌不但没有什么用，还可能打扰到孩子。如果孩子是在荡秋千等，就可以放英语儿歌当背景乐。

当然，如果真的希望培养孩子的英语语感，还是得多花一些时间，专门空出一段时间让孩子听英语，而且就像我在第 2 部分"语言脑"中反复强调的，别忘了你也要加入进来，跟孩子互动着学英语最有效。

Q2：如何恰当地给孩子反馈？

家长：记得我小的时候，写作业时头总是特别低。母亲看到后，担心我的眼睛，总会提醒我抬高头。但是次数太频繁，反而干扰了我写作业时的专注。如今我也有了孩子，请问要如何适当地提醒孩子而又不干扰他的专注？

Dr. 魏：很多家长问到这个问题，孩子正专注于一件事，怎么做才能既不干扰他的注意力，又能教育到他？这个要分情况来看，首先打断孩子次数太多确实不好，所以如果孩子是在专心玩游戏，在保证安全的情况下，先别急着教育孩子，玩也是学，就放手让孩子玩吧！如果孩子是在专心学一项知识或技能，当孩子做错了，那确实是要用一些适当的提醒来指导孩子。这里的重点是爸爸妈妈要示范给孩子什么是对的，什么是错的。

你小时候写作业的时候，母亲频繁提醒你抬高头，反而打扰了你的专注。这是家长在反馈问题的时候，没有关注到孩子的自主性，让孩子自己发现问题。那么，怎样让孩子自己发现问题呢？如果你想教孩子正确的写字姿势，那么当孩子写字时，你先不要立刻去打断他，而是在一旁把孩子的写字姿态拍下来给他看，他就会意识到原来自己写字的时候是这个样子的。然后你可以展示什么是正确的写字姿势，让孩子观察，孩子就能看出问题来，原来是因为自己写字的时候头太低了。我们的目的是要孩子知道，怎样是对的，怎样是不对的。

Q3：孩子多大可以学编程？

家长：我周围有很多朋友都在让孩子学编程，我家孩子4岁半了，我想问一下孩子多大可以学习编程？

Dr. 魏：编程是一项非常重要的能力。在儿童阶段，它可以是一种很好玩的创作游戏，也可以锻炼孩子解决问题的能力。

现在有很多适合儿童的图形化编程游戏，小到制作一张贺卡，大到开发一个游戏，可以让孩子获得玩游戏的乐趣，同时也获得编程训练。

2014年，英国成为世界上首个把编程带进小学和初中的国家，从5岁起到中学毕业，孩子们可以在学校里循序渐进地学习编程技能。香港也计划把编程加入小学教学大纲，而香港小学生课后的编程兴趣班也如火如荼。

我给你推荐一款免费的编程游戏，叫Scratch。它是一种可视化编程语言，由麻省理工学院的Lifelong Kindergarten Group开发，是最老牌的专门设计给孩子的可视化编程语言，它还推出了适合更小年龄孩子的精简版本，而且全面支持中文。你可以到各移动端应用 App 商店搜索关键词 Scratch，也可以登录它的网页版 https://scratch.mit.edu/。跟孩子一起创作起来吧！

第1部分　智力脑

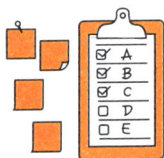

★ 执行功能 ★

工作记忆+抑制控制+思维灵活性=
执行功能；运动游戏提升执行功能

★ 工作记忆 ★

用好大脑里的"便利贴"；拆
分信息+列任务清单+增加记忆
线索，更好记住复杂任务

★ 推理能力 ★

数学推理比算数更重要；
用实物、图像、数轴等帮
孩子理解数学规则

★ 批判性思维 ★

科学的思维方式=观察、假
设、检验、反思和调整

★ 学习力 ★

元认知让孩子更好学习
和思考；用考试提高学
习效率

★ 数学能力 ★

建构"关系"，把真实数
量与数学符号、口头数数
联系起来，多做数字游戏

第 2 部分
语言脑

语言学习要趁早

　　语言学习对孩子的重要性不言而喻。一说到语言学习，很多人会首先想到送孩子去各种培训班，实际上，你平时跟孩子的互动才是培养孩子语言能力的最好时机。不要低估了孩子的语言理解能力，一直跟孩子说刻意简化和叠字的"宝宝语"，而应该抓住孩子的关注点，结合图像、非语言线索，促进孩子的口语表达。

　　阅读是语言能力发展中不可缺少的环节，对于如何选书、怎么阅读，我给出了一些日常亲子阅读的方法，帮助孩子成为阅读小达人。

在母语和外语的启蒙上，有一些争议和误区，比如要不要读国学经典？父母不会英语，怎么教孩子？归根结底，语言的习得是靠潜移默化，要注重发展孩子的兴趣和信心。所以不是把孩子扔到培训班就万事大吉了，而是要注重日常生活中的陪伴和启蒙。

此外，我们跟孩子聊天的方式，也会影响到孩子对事物的记忆和表达。我提供了一些聊天小贴士，让你可以巧妙地帮孩子更好地记住过去的经历。

|1| 三个妙招，解决孩子说话晚问题

孩子学说话开口难，是很多爸爸妈妈关心的话题。我有一个朋友跟我抱怨："我家儿子都 1 岁半了，还只会说简单的两个字，比如抱抱、不要、走吧、晚安。"我说："挺好的，没看出问题啊。"她话锋一转，说："可是我哥的女儿 1 岁半都会背'白日依山尽'了，他们之间的差距怎么这么大？"

实际上，大家之所以会焦虑，不是因为自己家孩子说得少，而是因为不同的孩子语言学习初期的表现有很大差异。

你肯定也听说过很多语言天赋好的孩子的故事，可能你家孩子就是。不过，你家孩子也可能只能说简单的几个词，甚至一句话都不讲，更多的时候是用手给你指，给你比画。

看到别人家的孩子时常蹦出一些"金句"，你家孩子迟迟不张口说话，这是挺让人着急的。其实，你对孩子语言发展水平的了解，你跟孩子的互动方式，都是帮孩子学习语言的关键。下面我就来给家长们澄清一些语言发展的误区，并且告诉大家孩子早期语言发展的过程。

─●认清孩子语言发展的误区

误区一：孩子会叫"mama"不代表懂意思

有个朋友问我："我家宝宝 5 个月就会叫妈妈了，怎么叫了大半年，到了 1 岁，还是只会叫妈妈？"

我说："你回忆一下，刚开始的时候他是不是看到谁都妈妈、妈妈地叫？"她说："是啊。"

我说："那可能是无意识的叫，8 个月前的宝宝，对什么都喜欢 ma-ma-ma 、ba-ba-ba、na-na-na 地哼哼，听起来像在叫'爸爸''妈妈''奶奶'，但实际上这只是他在探索发声规律，他还不懂这些词的含义。"

朋友恍然大悟，我继续说："他真正有意识地说话，要到 8 个月到 1 岁左右。所以，现在叫妈妈，才真的是叫你。如果你想测试，看他是不是真的懂了'妈妈'的含义，你可以让别人问问他'妈妈在哪啊'，如果他转向你，你就基本可以断定，他能把词跟意义连在一起了。"

朋友继续追问："那如果和孩子说什么他都听得懂，是不是他就该开口说话了？"

我说："这就是你对孩子语言发展认识的第二个误区了，孩子可以理解语言，不代表他一定能使用语言。他说话的能力很可能跟不上理解能力的发展。"

误区二：孩子能理解语言不代表能使用语言

孩子对语言的理解力在他 6 个月的时候就开始发展了，而且他学习和理解新词语、语法的速度是很快的。但是，孩子学说话的能力发展速度比较慢。一般来说，孩子 1 岁的时候，可以用一个词来表达一个句子，比如"饿""吃"，慢慢到两个词，比如"宝宝饿""宝宝吃"；满 2 岁的时候，终于可以说出完整句子了。但是孩子具体什么时候开始说话，没有一个确切的时间点。也有一些认知能力正常的孩子 1 岁半的时候完全不说话，到了 2 岁的时候，突然蹦出人生第一句话，然后越说越多，说话能力飞速发展。

所以，如果孩子能听懂大人的话，其他身体发育一切正常，只是不会说话，家长不需要太担心。但是，如果你家孩子到了 2 岁还听不懂一些基本词语的意思，比如吃饭、喝水；或者听不懂你给的指令，比如你叫他亲你一下或者挥手告别，他无法回应，那就需要咨询专业人士，排除他是不是听力有问题或者语言发展滞后了。

误区三：一直对孩子说"宝宝语"

如果孩子一直不开口，父母以为孩子的理解能力不行，可能会低估孩子的语言理解力。这会造成两个不好的影响，一是不怎么跟孩子讲话。你已经知道，孩子在可以说话之前，已经可以理解很多语言了，所以，更多、更有效地跟孩子说话，是可以帮助孩子发展语言能力的。

低估孩子语言理解力的另外一个影响是，一直给孩子讲一些语法简单、过于口语化的"宝宝语"。比如，孩子手被烫到了，妈妈就说："宝宝疼疼，妈妈吹吹。"其实，如果你家孩子已经可以听懂很多语言，正确的做法是，试试孩子可不可以理解更复杂的句子，比如："宝宝，你的手是不是被烫到啦？妈妈来给你吹一吹？"如果你发现孩子伸出手，正确回应了你，说明他其实已经具备了理解复杂语法和词汇的能力。

> 研究发现，给孩子说一些正好符合甚至比孩子当前的理解水平稍稍高一点的词汇和语法，对孩子的语言发展是有利的。

──● 促进孩子语言发展的正确方法

抓住孩子的关注点教说话

虽然我们要多跟孩子交谈，但这不是说要像和尚念经一样在孩子旁边碎碎念。抓住时机，在孩子注意力集中的时候教他说话，效果最好。

那孩子什么时候注意力最集中呢？他对于他正关注的事情注意力最集中，比如他正在穿的鞋子，他正在看的一朵花。这时你可以顺势问他一句："宝宝你在穿鞋？""宝宝你在看花？"跟孩子讨论一个共同话题，就算孩子不回应你，他也更能听得进去。

> 儿童心理学认为，当你跟孩子共同关注同一事物，即与孩子产生联合注意时，他会更专注。

还有一点要注意，你的话题一定要是孩子目前关注的具体内容，孩子对未来的、抽象的话题没有概念。所以，你要是问他："宝宝，你下周末想去哪玩儿啊？""宝宝，你幸福吗？"他很可能不知道怎么回答。

很多家长喜欢控制整个话题的走向，让孩子按照家长的意愿聊天。比如孩子拿着橙子在玩，妈妈对孩子说："宝宝，你是不是想吃橙子啊？"孩子没理，妈妈锲而不舍："跟妈妈说你想吃橙子，来，来说橙子。"孩子继续无视，妈妈继续穷追不舍："来认认橙子的颜色，这是什么颜色啊？"其实，孩子的注意力根本不在吃橙子上，他可能在盯着橙子的形状入神呢！如果不懂得抓住孩子的关注点，最后往往是尬聊收场。

比较好的方式是，找准孩子的兴趣，再配合着用语言描述它。注意，不要老是给孩子下命令，这样可能会影响他的注意力，你只需要描述一下孩子目前在做什么就可以。比如："宝宝你在玩这个橙子啊。橙子的形状是球形。圆圆的橙子很好玩。"这样教，比硬要将孩子的注意力拉到你想谈的话题上容易得多。这也是我一直强调的原则：0~6 岁的孩子以兴趣学习为主。

结合图像教说话

你可以回想一下，你想让孩子开口说话的时候，是不是就是对着孩子，一遍一遍让他重复你说的话？

如果是的话，你要考虑改变这种方法了。

对孩子来说，把词语和实物对应起来学习的效果会更好。因为孩子天生能把图像和声音配在一起，能很快地在语音和图像之间建立牢固联系。如果你不给孩子看实物，只是让他学发音，学习效率当然会很低。

美国印第安纳大学的心理学家 2017 年做了一个大型研究，他们给 745 名 2 岁以下的孩子戴上了装有特殊摄像头的帽子，来记录他们的日常活动，每天平均监控 4.4 小时。通过分析记录下来的视频，研究人员发现，2 岁以下孩子开口说的第一句话，跟映入他们视野中最频繁的事物有关。比如，那些开口说的第一句话是"给我碗"的孩子，研究视频记录后发现，碗这个物体也确实最经常出现在孩子视线的中央。

注意"视线中央"这个结论，研究者认为，由于 2 岁前孩子有特殊的视觉规律，想要他们成功辨认出物体，这些物体最好是放在孩子视线中最显眼的位置，比如，在孩子视线的中心，并且它要明显比周围其他物体大。

> **教孩子说话的时候，不仅要结合图像、实物来教，还要注意将物体放到孩子的视觉区域中间。**

比如，想要教孩子"手"这个词，最好的做法是把手举到孩子视野的中央，晃一晃，引起他的注意，然后一边给他观察，一边告诉他"这是手"，同时给他仔细描述手指的一些特征。

利用非语言线索教说话

怎么跟孩子描述语言，也有技巧。研究发现，可以根据父母跟孩子聊天的质量，预测出孩子上幼儿园之后的词汇量。

聊天质量的关键是给孩子提供非语言线索，也就是聊天的时候，不仅要说出答案，还要提供孩子可以意会的信息线索，比如一些特定的动作、手势、语音、语调等。

比如有个对八九个月的孩子做的实验，研究者首先指着"羊"的图片，用温柔的声音告诉孩子"这是小羊"，再指着"狼"的图片，用凶狠的声音告诉孩子"这是狼"。然后，他们改变语调，用凶狠的声音问孩子："哪个是羊？羊！"孩子听到之后，毫不犹豫指向"狼"的图片。这说明孩子并不太理解词语的真正含义，只是根据语气和情景做出反应。

所以，跟孩子聊天的时候，不要担心动作、语音、语调夸张，也不要担心啰唆，多用这些非语言线索，可以帮助孩子学会更多新词汇。

Dr. 魏的小叨叨

我在这一节帮助各位家长破除了孩子学语言的一些误区。很多家长容易低估孩子的语言理解力，对他们的口语能力却有过高的期待。经过我的叨叨，你应该已经知道多跟孩子说话的重要性了。我讲了三个提升孩子语言能力的妙招，总的来说，抓住孩子的关注点，结合图像教语言，多利用非语言线索，能促进孩子的语言发育。

👁 行为观察 × 脑力训练

（适合 1~2 岁的孩子）

行为观察

指向家中的日用品（依序指向三个日用品），请孩子说出这些日用品的名称，看看孩子会不会说（发音不标准没有关系）。

脑力小游戏——家里的小超市

用家中现成的东西搭一个小超市，玩的、吃的、用的，摆好。你当售货员，请孩子当顾客。你问问："宝宝，请问你想买什么？"孩子要说出他想买的东西，或者指一指，比如"车"。你肯定孩子的回答，再扩展一下句子："好的，你想买一辆小汽车。给你。"你也可以跟孩子多聊聊："我这里有两辆车，你想买红色小汽车，还是蓝色小汽车？"

"选择题"是一种巧妙帮助孩子提高语言能力的方法，平时生活中可以多用。它是一种有效的沟通方式，能够引导孩子快速、直接且具体地表达需求，还能够拓展孩子理解和表达时的词汇量。

想要尝试更多行为观察和脑力训练小游戏？请下载"未来脑计划App"，成为脑计划 VIP。

|2| 家长英语不好，也能培养英语小达人

─────● **不会英语的家长，也能给孩子英语启蒙**

我收到很多说自己完全不会英语的家长的留言，说自己对英语学习有畏难情绪，更不知道该如何教孩子学英语。确实，学习英语时从 0 到 1 是一个比较大的挑战，家长有畏难情绪很正常。但是，如果我们成年人对英语有畏难情绪，还怎么去期待几岁的孩子愿意学好英语呢？

其实要孩子英语好，并不一定需要家长英语也非常好。在给孩子英语启蒙的时候，家长可以和孩子一起看原版动画片，读英文绘本，一起学习。孩子英语启蒙最需要的就是激发兴趣，家长要做的是激发孩子对英语的兴趣，做好孩子英语学习的领路人。

所以刚开始起步时，家长可以用多种资源，比如视频、音频、游戏，引导孩子的兴趣。对于英语基础一般的家长，可以利用儿童英语学习类的资源，在家创造一个英语微环境，通过跟孩子一起听英语歌谣、看英文原版动画片、读英文故事来学习。精选这些资源是一门

学问，一是要从孩子熟悉的生活场景出发，比如《小猪佩奇》(Peppa Pig)，这部动画片讲的是能够引起孩子共鸣的日常生活故事，这样孩子才会感兴趣。二是选择经典的内容，口碑、获奖与否都是参考因素，比如英国广播公司或者小尼克频道出品的一些儿童节目，内涵丰富，发音也标准。

　　在英语启蒙阶段，不要纠结孩子的发音错误，只要多听多看原版内容，孩子自己会纠音。也不要总让孩子背单词学语法，那容易减弱孩子的兴趣。我在《给孩子的未来脑计划》一书中也说过，孩子学外语，背出来不如玩出来，这里的"玩"指的是家长和孩子之间丰富的互动，玩出来的外语能力就是在生活中学习外语，在互动中，孩子不仅能记住一个个单词，还能自然地掌握其他信息，比如单词用法、单词使用语境等。

> **育儿没有一劳永逸，家长要不断学习，积累各种资源、经验，不断向上，孩子看到你的努力，才会愿意跟你一起努力，这才是一个育儿育己的正向循环。**

──● 家长的英语口语不够标准，会影响孩子的发音吗？

　　有很多英语不是很好的家长，担心自己的发音不够标准，会影响孩子。我在前面说了，家长的主要工作是对孩子的英语启蒙，即激发孩子的兴趣。我在《给孩子的未来脑计划》里也介绍了一些可以边玩边学的亲子游戏。比如，拍手拆单词的游戏，就是把一些最基本的单词，用打节拍的形式大声念出来，甚至配合一些舞蹈动作，手舞足蹈，念唱出来，目的就是吸引孩子的注意力。比如 butterfly（蝴蝶）可以拆分成 bu-tter-f-ly，你可以跟孩子一边拍手一边念 "butterfly"。如果孩子不太配合拍手，你也可以拍自己的腿，或者拍桌子、拍椅子，还可以用脚打节拍，总之就是把这个节奏感给打出来。这里用的都是最简单的词汇，这种打节拍的方式对你的口语要求也不高（对你的表现力有点儿要求，哈哈），而孩子还都特别喜欢。你也不要担心自己会不会影响孩子的发音，家长只是孩子英语学习的领路人，英语的修行之路还很漫长，孩子有的是机会纠正他们的发音。实在不会发音时，你可以跟孩子一起查单词，听语音，让孩子做你的学习伙伴，在互动学习中一起成长。你甚至可以让孩子当你的小老师，问孩子："这个单词怎么读？"这样孩子学习英语会更有成就感，也更有效率。

> **你的不足不会影响孩子，你对待自己不足的态度才会影响孩子。**

　　家长因为口语不好而不敢讲英语，这会影响孩子今后的学习心态，觉得口语不好是一件值得羞愧的事情。家长是孩子的成长模范，一举一动都会深深地影响孩子的言行举止，因此，家长对待英语的态度就是孩子对待英语的态度。

——● 英语不够好的家长，如何指导孩子学习英语？

很多家长担心自己的英语一般，语句拿捏不准，不太敢教孩子。我来教大家一个有效的方法，就是跟孩子一起读英文绘本。英文绘本里的句子很有指导意义，你可以跟孩子一起读一读。等你们都熟悉内容后还可以一起演绎一下，玩一些角色扮演游戏。遇到不会的句子，拿不准的单词，你要知道机会来了，你可以带孩子找翻译、查词典、问朋友，这就是在教孩子遇到困难的时候，要会寻求各种各样的解决方法，这比知道一句英文的意思还重要。

还有些家长说，孩子对英文绘本没兴趣，不让给他读，这很正常。有时候孩子不让你讲，不是他真的讨厌你参与进来，孩子是很喜欢跟家人互动的，可能是你之前讲述的时候让他觉得无聊或者绘本内容太枯燥。现在儿童英语绘本资源很丰富，你可以选一些有交互设计的绘本，比如掀开后里面有个洞，手指可以穿过去，或者有一块毛茸茸的布料可以摸一摸，甚至有香味，有音乐。孩子在读绘本的时候有参与感就会有兴趣了。你在读绘本的时候也可以用一些辅助的玩具，比如小铃铛或者小布偶等，来吸引孩子的注意力。

有一定英语基础后，就可以分角色读绘本了。家长和孩子各读一部分，扮演绘本中的角色，或者轮流读单双数页。这种玩法，比你单向念绘本给孩子听要好玩多了。

不要因为孩子有情绪，不让你参与，你就真的撒手不管了，家长一定要参与到孩子的外语学习中，孩子学习外语最重要的方式是真人互动。

Dr. 魏的小叮叮

有家长跟我说，以前担心孩子接触外语太早会连中文也学不好，看了我说的，现在后悔让孩子学晚了，怎么办？也有一些家长给我留言说担心孩子错过了语言学习的敏感期，如何弥补？确实，跟成年人相比，孩子早期的认知系统比较适合学习多语言，但不是说孩子过了这一段敏感期就学不好外语了。不管你的孩子多大，现在开始学外语就合适。

这里讲一下"神经可塑性"的概念。我们的大脑是高度可塑的，也就是说，只要努力多刺激我们的语言脑区，增强大脑的驱动力，多少岁都可以学好外语。我认识很多精通多国语言的人，他们并不是从小就浸泡在多语言环境中的。当然，我们鼓励早学语言，早学外语，因为儿童期这个语言学习敏感期如果可以被充分利用，学习外语时会不费力。

让孩子学习英语最重要的原则，就是以激发孩子的学习兴趣为出发点。语言的习得，得靠潜移默化，要润物细无声地学，发展孩子对英语的爱好和信心。这就要求家长多花精力陪孩子，注意在生活中多跟孩子用英语互动，而不是把孩子扔到培训班，或者放到英语学习机面前就行了。

|3| 应该让孩子读《论语》等传统典籍吗？

——● 传统典籍 vs 诗词诵读

　　我一直提倡让孩子读诗，这对孩子的大脑发展有好处，哪怕他不识字、不知道诗的具体含义，但只要充分运用诗的韵律，让他有节奏地读、摇头晃脑地读、打着节拍读，甚至把诗唱出来，都会很好地刺激他的大脑。这也是让孩子欣赏我们中国传统文化的一个好机会。当然，家长不要太功利，不要选太难的诗。

　　有家长问，既然让孩子读诗好，那么是否应该让孩子读《论语》这样的传统典籍？确实，中华传统典籍富有哲学内涵，拿来咏诵也极富美感。不过，里面的内容过于深奥，远远超出了孩子的认知范围。

　　要让孩子在"最近发展区"内学习，也就是学那些他跳一跳够得着的内容，这样孩子才能理解记忆。

我不推崇小和尚念经式的死记硬背，机械记忆对孩子的学习能力帮助不大。对孩子的要求太高、太难，可能会让他们失去对诗的兴趣。孩子更容易理解哪些内容呢？孩子的抽象思维能力发展不成熟，因此教孩子古诗的时候，要找贴近孩子日常生活的内容，比如动物、风景、民俗活动这些孩子感兴趣的内容，然后结合现实帮助孩子理解。

──● 语言能力越早开发越好，各项能力发展要均衡

我经常收到这样的留言："到底几岁可以开始学习英语／阅读／古诗，是背得越多越好吗？"首先，每个孩子的发展阶段不一样，不需要按照教科书机械地给孩子规定时间表，你可以为孩子私人订制一个能力清单，多观察孩子，只要发现时机对，孩子准备好了，有兴趣，什么时候都可以开始学。考虑到孩子的大脑发育规律，有些能力（比如语言）越早开发越好。但是，我们强调各项能力发展要均衡，除了语言能力，学习能力、情绪理解能力、运动能力、创意能力都需要发展，不能过于沉溺于某一项活动。

比如，有的孩子可能沉迷于阅读，甚至在上课的时候开小差，不听课，自顾自地读课外书。这其实是没养成好的上课习惯，不知道在特定的时间要做特定的事情。这时，需要帮孩子建立规则的边界意识，告诉他在什么情况下可以读书，什么情况下不可以。

孩子理智脑还没发育完全，很容易对一项事物入迷不能自拔。不管是阅读，还是玩电子游戏，都需要监控好孩子各项能力的发展情

况，帮孩子把握好度，这是我们家长和老师要做的。

——● 鼓励孩子读诗有方法

　　我说了这么多朗读诗词的好处，可是如果孩子只喜欢听故事，不喜欢读诗，或者只让家长读，自己不愿意跟家长一起读，有什么办法可以鼓励孩子参与读诗呢？在跟家长的交流中，我觉得有些家长的方法很好，我整理出来跟大家分享。

填句尾

　　在给小宝宝读诗的时候，比如 1 岁的宝宝，因为他能说的字词有限，可能你读一首诗，他只能跟着说其中一两个字，比如读《咏鹅》这首诗，他可能只会说"鹅"这个字。等宝宝稍大一点，读诗的时候，你可以试着让他填每句诗的最后一个字，即使他发音不准，也要给予鼓励。宝宝再大一点，比如 3 岁左右，读诗的时候，可以你读一句让他读一句，有时候你还可以故意读错，看他能不能发现。如果宝宝发现你读错了，他会指出来，自己也会觉得有成就感，兴趣高涨的话没准儿还能连读好几首诗呢。

　　总之，要换着花样，换着内容来激发孩子读诗的兴趣。让孩子享受这个过程，他的大脑会喜欢上古诗的。

讲解内容

　　在给孩子读诗的同时，家长还可以试着给孩子讲诗，讲讲诗句的意思，讲讲作者写诗的时候都在想些什么等。当然，还是我前面说的，诗句不要太难，要找贴近孩子日常生活的内容给孩子讲解。不要太抽象，要结合孩子感兴趣的东西讲解。

比如，有一位家长说，每次她给孩子读"忙趁东风放纸鸢"这句的时候，孩子都会说"放纸鸢就是放风筝"。这就是贴近孩子的诗，有童趣，也好懂，容易带动孩子的兴趣。

唱出来

我说过，诗是具有音乐性的，诗的节奏、韵律跟音乐很相像。给孩子读诗的时候，要充分利用诗的节奏和韵律。

2013 年，英国埃克塞特大学的研究团队发表了一项研究，他们发现，人在朗读诗的时候，除了会激活与阅读相关的脑区，还会激活与音乐相关的脑区。如果是朗读散文，就只能激活与阅读相关的脑区，与音乐相关的脑区没有反应。这说明在我们的大脑看来，诗是自带音乐属性的。

所以，可以把诗和音乐结合起来，就是唱诗。在古代，诗本来就是歌，就是唱的，只可惜现在唱的方法失传了，只剩下文字。有些诗词，尤其是词，被现代人谱上了曲子，最有名的像苏东坡的《水调歌头》，曲调很优美，词也写得非常漂亮，可以让孩子学着唱一唱。

把诗的音律特点发挥出来之后，读诗就变成了一件很好玩的事情，而不仅仅是为了识字、背诵。哪怕孩子对诗的内容一无所知，只是把诗当成音乐来感受，也会受益匪浅。

手势动作

有家长说，刚开始给孩子读诗的时候，不管用什么语调和语速，孩子都爱答不理的，不是很感兴趣。后来，读诗的同时搭配上手势动作，孩子就比较感兴趣了。

比如《咏鹅》这首诗，因为诗句简单，还有小孩子喜欢的动物，所以几乎成了所有家长给孩子必读的一首诗。有一个家长给《咏鹅》配了一套手势动作，我觉得很好，分享给大家。

"鹅，鹅，鹅"——五个手指并拢弯曲做成鹅头的形状，配合着发音弯曲三次；"曲项向天歌"——刚才的手势相同，弯曲的幅度更大并向上，好像鹅抬头向天弯曲的样子；"白毛浮绿水"——手指并拢，指尖向外，利用手腕的力量像水草随着水流一样左右柔软地摆动；"红掌拨清波"——五指并拢，指尖朝下，利用手腕的力量前后摆动，好像鹅掌拨水。

手势也跟大脑发展有关。手势越多越复杂，大脑的工作就越忙碌。你想啊，学会了"鹅"这个手势，不需要看到真的鹅，孩子一看到这个手势，立马就能联想到鹅脖颈弯曲的姿态、鹅划水时碧波荡漾的场景，这一切信息，都涌入他的大脑。

有句话叫"只可意会，不可言传"。

> 我们能理解的东西比能表达出来的词汇要丰富得多，说话的同时做手势，能增加交流的信息量，更好地与人沟通。

　　用手势交流得多了，联想得多了，大脑的细胞开始增加，细胞之间的联系也越来越密切，最终大脑的容量变大，大脑皮层也更发达。

　　孩子说话不利索，不代表他们的理解力也不行。手势可以连接孩子的语言和理解。所以，给孩子读诗的时候，边做手势边读，他们的语言能力自然会得到提高。

　　此外，手势不仅能辅助语言，还能辅助回忆信息。在孩子读诗的时候辅以手势，他们的记忆效果会更好。

Dr. 魏的小叨叨

　　我非常提倡给孩子朗读古诗词，古诗词有韵律和节奏感，能促进孩子大脑的发展。但是，如果孩子对朗读古诗词表现出明显的厌烦情绪，那么，强迫孩子学将大大降低孩子的学习兴趣。如果孩子对"学习"本身产生逆反，那影响到的就不只是读诗能力了。

　　所以，如果孩子表现出比较明显的抵触情绪，不建议家长继续强迫孩子读诗。早期教育注重的是给孩子提供学习的平台和丰富的刺激，但不限定孩子的生长方向。可以先带孩子做一些他感兴趣的活动，再逐步把这些活动跟读诗联系到一起，比如从读绘本到读诗，从唱童谣到唱诗。

　　有的孩子很享受读诗，特别是大声朗读出来。如果孩子感兴趣，可以一直保持。有家长问默读好不好呢？默读可以提高阅读速度，孩子更容易专心在内容输入上。而朗读的时候，孩子得把认知资源分散到大脑中的语言、声音等多个脑区，无法像默读的时候那么深入，但是朗读可以加强孩子的输出。所以这两种方法各有千秋，都可以用起来。

|4| 阅读是培养聪明孩子的重要窍门

我见过很多事业有成的人，包括那些有思想、有见解的人，没有一个不热爱阅读的，而且这些人绝大多数从小就喜欢阅读。家长引导孩子阅读的方法很关键，如果方法不当，不仅不能培养孩子读书的习惯，还会白白浪费提升孩子的好机会。

——● 孩子小时候，培养阅读兴趣比学知识更重要

家长要知道，在孩子小的时候，最重要的是让孩子对阅读产生兴趣，而不是从阅读中立刻学到多少知识。在早期，培养孩子的阅读兴趣，比学习知识更重要。

> 孩子主动的、有兴趣的阅读，比枯燥的、强迫的机械阅读更持久，也更有价值。

培养孩子的阅读兴趣，不是说要给孩子买一堆书，而是要陪孩子一起阅读。就算在家里摆满书，孩子也不会自动喜欢上看书。科学研

究发现，只是给孩子一堆书，对其阅读能力的提升作用不大，陪伴、互动才是关键。要把阅读嵌入孩子跟父母的日常互动中。比如，一起看绘本，给孩子讲睡前故事，角色朗读，等等。

阅读兴趣的培养，也要按照孩子的认知发展特点来进行：先易后难，先具体后抽象。当然，孩子并不会每天都保持高昂的阅读状态，家长要接受孩子短暂出现的消极状态。孩子的成长不是线性的，而是螺旋式上升，有时候甚至是进两步退一步。这时候，家长不要着急，耐心观察、等待，适时给孩子提供帮助。

孩子在两三岁时，会重复看一些绘本，其他的不看，而且他的记性还很好，可能你稍微改变绘本文字，他就会着急。这时候，你一定不要因为重复念了很多遍而觉得烦，孩子的吸收能力没有你强，他需要多次重复来熟悉故事情节、丰富词汇。孩子越小，需要重复的次数越多。当然，你也不必一定按照原文来，有时候改变一两个关键词，比如念《白雪公主》的时候，可以把皇后的话改一下："魔镜魔镜，谁是世界上最丑的女人？"说不定孩子会哈哈大笑，更有阅读兴趣了。

──● 培养孩子阅读兴趣小妙招

那么，家长该如何做，才能培养出孩子的阅读兴趣，让孩子爱上阅读呢？

多问与生活相关的问题

陪孩子阅读时，多问孩子与生活相关的问题。在阅读过程中用问问题的方式与孩子交流，帮他把书里的内容跟生活联系起来。

比如在书中看到一只猫，你可以问他："你看这只猫长得像不像咱家的咪咪？"生活中的信息，孩子记得牢、感兴趣，当你把书里的东西跟生活联系起来后，书就变得鲜活了，有利于孩子理解。

用开放式问题来沟通

开放式问题，是指没有固定答案的问题，可以帮助孩子勤思考。用经典的童话故事《三只小猪》来举例，你可以问孩子："三只小猪用不同的方法造房子，要是狼来了的话，会怎么样？"或者"这第三只小猪建的房子太牢固了，我们替大灰狼想想办法，怎样才能吃到三只小猪？"问这些问题不一定是为了讲道理，而是在帮助孩子提升兴趣的同时，打开想象力。

利用读书场景，把阅读变成游戏

把阅读变成游戏，不仅能让孩子喜欢上阅读，还能提高他的智商。比如把书合起来，跟孩子比赛，猜猜接下来的故事情节；或者读绘本时，比比看谁先找到画面里的大熊猫，偶尔故意输给他，对提升他的阅读兴趣也有帮助。

别用奖励的方式"鼓励"孩子

要给孩子建立一种认知：阅读是日常生活的一部分，而且有趣。不要把阅读当成特殊任务，不能用奖励诱导孩子阅读，比如："读完这本书，奖励你一个冰激凌！"那他可能会想："看来读书是个苦差事，妈妈都得用冰激凌来补偿我了。"

选书很关键

让孩子对阅读感兴趣，选书很关键。阅读材料既要让孩子觉得不难，能够掌握，不挫伤阅读积极性，又要有一定的挑战性，让他每次都有小进步。比如，我给 1 岁的宝宝推荐大部分是图片的童谣集，节奏感强、朗朗上口，可以增加孩子的阅读兴趣。总之就是为孩子创建一个丰富、好玩的文字环境，让孩子自然快乐地爱上阅读。

●　指读会影响孩子的阅读速度吗？

我在《给孩子的未来脑计划》一书中讲到孩子识字能力的时候，介绍过一个提高孩子识字能力的小技巧，就是指着书逐字逐句地读。因为阅读能促进孩子识字能力的发展，将文字融入具体的内容中，孩子记忆更深刻。在孩子两三岁的时候，就可以时不时指读，让孩子意识到绘本上的文字。孩子会意识到：原来这个符号是这么念的，是这个意思，他会在不知不觉中识字。

有些家长担心指读会影响孩子以后的阅读速度。试想，孩子刚学习骑单车时，先是三轮车，然后是加了辅轮的双轮车，最后等他骑车技能提升到一定程度，就可以骑普通的双轮车了。指读就是那多出来的轮子，在孩子识字和阅读能力还比较弱的时候，帮他们一把。如果你不担心孩子会依赖多出来的轮子，就不用担心指读，孩子能力到了，自然会减少使用的。

另外，光有速度也不够，走马观花翻完一本书，理解和记住的东西却不多，这也不是你想要的。阅读效果更重要。

> 多读书，加强知识积累，听起来不酷，但这才是行之有效的方法。

比如我熟悉脑科学的背景知识，看到前额叶、杏仁核、边缘系统等专业术语就秒懂，读起来肯定比门外汉快。但是，如果是我不熟悉的领域，我也需要放慢速度，来消化陌生的知识。

Dr. 魏的小叨叨

让孩子爱上阅读，要跟着他的兴趣走。不能只是你引导孩子，更重要的是鼓励孩子主导阅读的过程。比如，鼓励孩子主动问问题，问题只要是跟阅读有关，你一定要积极回答、给出反馈，千万别说"不要问这么多问题，我们先把书读完再说"，而要耐心地先回答孩子的问题，再继续读书。

很多家长问我，什么时候让孩子开始阅读比较好。其实，开始阅读没有严格的年龄阶段限制，孩子的发展阶段各不相同，不需要机械地给孩子规定阅读时间表。多观察孩子，只要时机对、孩子有兴趣，什么时候都可以开始阅读。我的建议是，孩子的阅读习惯越早培养越好。

|5| 家长会聊天，孩子记得牢

旅行是加固亲子关系的好时机。不过也有很多家长吐槽，费时费力费钱地带着孩子出去玩一趟，去体验外面的世界，结果回家后啥都没记住。有朋友甚至觉得"别带着孩子出去了，就在家吃吃玩玩吧，去哪儿都没用"。我估计有这样感慨的家长还不少。其实出去玩回来"记不住"还真不怪孩子，是爸爸妈妈不会聊天。这一节我就来讲讲如何跟孩子互动，让孩子在出门游玩之后收获更多。

——● 三四岁的孩子就"记事儿"了

孩子记事儿，一般是说孩子能回忆个人信息或个人所经历的生活事件，这叫自传体记忆。有研究者提出，自传体记忆在 3~4 岁开始发展。孩子一开始记住的事情都比较具体，他们可能会说"那天我穿着红色裙子去的公园"。你回想一下，自己最早的记忆在什么时候，差不多也是三四岁。

那父母怎样能帮助孩子记忆呢？如果孩子有机会与其他人讨论某个活动，孩子构建记忆的能力就会增强。

> **研究发现，父母的育儿风格与孩子的自传体记忆能力高度相关。**

有些父母跟孩子说话的内容，大多跟正在做的事有关，指令比较多，比如："你看到什么了？……哦，还有呢？""你饿吗？""你走快点儿。"还有些父母跟孩子说话时则提供非常详细的信息："你看到一头鹿呀，当时鹿在做什么？""这树好高，树皮很光滑，咱们以前在哪儿见过？"后一种详细叙述的风格会让孩子更愿意回忆并说出过去的事情，这些孩子的自传体记忆发展得更完善。

还有一个关于回忆的研究，非常有意思。在这个研究中，孩子被带到博物馆参观。一个星期后，研究人员测试孩子对参观过程中的各个方面的记忆。结果发现，在博物馆里看过的物品，如果在参观过程中已经讨论过，孩子就记得，没有聊过的那些物品，孩子则想不起来。

现在你知道为什么我说"孩子旅行归来什么都不记得，要怪爸爸妈妈不会聊天"了吧。那么，具体怎么聊更好呢？你可以试试下面这些方法。

趁着新鲜跟孩子聊天

跟孩子讨论过去发生的事，时机很重要。最好是一个事件发生之后没多久，比如旅游当天的晚上，出门玩完回家的路上，回忆越新鲜，孩子记得越多。之所以强调在出去玩之后聊，是因为发展自传体记忆应该尽量以新奇的事件为主题，而不是日常总是重复的事。

孩子有时候对日常事件的印象并不深，比如你问孩子昨天穿的什么衣服、前天穿的什么衣服，孩子很有可能没有印象。但是如果是出去玩，去郊外、公园、美术馆、博物馆等，见到新奇的事物和人，孩子的印象会比较深刻。

问题要具体

多问一些"W"问题，就是英语里以字母 W 开头的词：Who、What、Where、When、Why 等。问问孩子都有哪些人、有什么东西、在哪里、在什么时间、发生了什么事，以及为什么会发生这件事。如果孩子记不清楚，你可以提示一下，前提是你们是一起出去玩的，你跟孩子有共同的经历。

举个例子，有一次我带女儿去郊区的森林公园，晚上睡觉前我们随意聊天。

我问女儿："今天我们去哪儿了？"（我问了地点）

孩子说："我们去森林公园了呀。"

我继续问："还有谁和我们一起去的？"（我问了人物）

孩子说："妈妈！还有妹妹！"

这时候，我把问题转移到事情，问："你看到了什么小动物？"

孩子回忆说："我在树下发现了蚂蚁窝，有很多蚂蚁，还看到了好几只小鸟，还有一只羊驼！"

接下来我开始添加详细的小细节，帮助孩子回忆："是啊，我们都看到了那只羊驼，它当时在吃草呢。你觉得它哪些方面像羊？哪些方面像骆驼？"

孩子努力地回忆："我觉得它的脑袋像骆驼。它身上有长长的毛，像绵羊。"

我补充说："是啊，它的个头更像羊，没有骆驼高，也没有驼峰。你还喂它吃东西了，对不对？"

孩子说："是啊，一个叔叔教我喂的。"

这样的聊天，就比较完整地还原了旅途的情节和经验。

问题可以多样

跟孩子聊天的话题，不一定限于物品和事件本身，也可以根据孩子的年龄和能力水平，聊聊他的想法和情绪，可以讨论他的收获，还有公共场合行为规范、社会交往规则等。继续刚才的例子，我跟女儿接下来的对话是这样的：

我问："我看到你一开始还不太敢去，是吗？"

孩子："是啊，我害怕。"

我继续问："你是害怕羊驼会咬你吗？"

孩子："是啊，我不知道它会不会咬人。"

我又问："但你后来还是递给它一些草。"

孩子："嗯，羊驼身边有个叔叔，他先递给羊驼一把草，让我学着他的样子。我就试试呗。"

我说："是的，那个叔叔是专门饲养羊驼的。后来你还害怕吗？"

孩子："不害怕了。因为有你拉着我的手，而且还有叔叔在看着羊驼呢。"

我说："嗯，你最后觉得很好玩，对不对？我们得感谢那位叔叔，教你喂羊驼，还鼓励你。"

孩子："是，看着羊驼吃我递给它的草，好有趣。那位叔叔真好！"

在这样的对话中，我们一起回顾孩子当时的情绪变化，孩子叙述自己从害怕到开心的过程，她更能理解自己的情绪如何变化，还真正懂得了感恩。

> 父母跟孩子聊天越详细，孩子对情绪的理解越深刻，调节情绪的能力也越强。

所以，我这样聊绝对不只是爱叨叨。

除了问问题，你还可以通过具体的物体，帮助孩子发展自传体记忆。比如，去公园玩的时候，捡一些你们觉得有特点的树叶；去旅行的时候，买一点有当地特点的物品；去海滩，捡几个贝壳和小石子；然后把这些东西分类留好，最好配上文字和图，做成旅游绘本一样的册子。随后，可以跟孩子读一读这些绘本，回忆当时发生了什么。如果这种绘本是你和孩子一起边聊边做的，那么他一定记得更牢。

——● 孩子太小，要不要带他旅行？

有不少家长问我，要不要带小宝宝旅行，因为现在很多育儿博主都倡导家长带 3 岁以下的孩子一起出去旅行，认为这样能给孩子的大脑更多的新鲜刺激，孩子会更聪明。

其实，长途旅行对 3 岁以上的孩子更加适合。我查了一些博主们的文章，发现他们用来支持"旅行刺激孩子大脑发育"的证据，其实是针对老鼠的研究。研究人员发现，养在刺激丰富笼子里的老鼠，要比环境贫乏笼子里的老鼠，大脑更加发达，有更多神经元。但是请注意，这是动物实验，结论并不能直接用到人类身上；就像研发新药，动物实验后面还有人类实验。其次，在研究中，所谓的环境贫乏，是指笼子里没有玩的东西；所谓的刺激丰富，是指笼子里每天都换新的玩具设备，比如滑梯、转轮。那些文章把环境贫乏笼子比成孩子的日常生活环境，而把刺激丰富笼子比成旅行目的地，也是很荒谬的。最重要的是，刺激丰富笼子里的老鼠大脑更发达的真正原因是，它们有更多的运动量，比如在转轮上跑。所以，与其花大钱带小宝宝去旅行，还不如拉着他去跑步呢。

3 岁以下的孩子身体免疫力、自控力等还有待提高，长途旅行无论对大人和孩子来说都是身心考验。不妨等到孩子 3 岁以后，各项素质都提高了，而且自传式记忆开始发展，再带孩子出去旅行，这时候家长比较轻松，孩子收获也更大。其实对低龄宝宝来说，公园、博物馆、郊区等就已经是刺激丰富的环境了。如果大人确实想去外地玩，带上孩子，同时做好准备，没问题。但如果是想通过旅行刺激孩子大脑发育，这钱还是不花为好。

──● 亲子出行小贴士

除了上面说的聊天技巧，我还给你整理了一些出行建议，涉及空间认知、情绪管理等多个方面，希望你的家庭旅行更轻松，孩子能收获更多。

（1）旅途中，最怕宝宝无聊哭闹，父母应提前做好准备。对于2岁以下的宝宝，建议不要给他们玩电子设备，而是帮宝宝准备一些绘本、画笔打发时间。

（2）2岁以上的宝宝要玩电子产品，应在父母的指导下使用。少用被动输入的产品（比如不用动脑子的搞笑动画片），选择输出多、创造性强的产品（比如用平板电脑模拟弹电子琴，甚至跟 Siri 对话）。提前下载一些生活工具类的应用程序，比如电子书、儿童搜索引擎。

（3）逛景点是锻炼孩子空间认知能力的好方法。你可以让孩子看地图，带着你找景点。在这个过程中，把"上下左右"这样的空间词汇挂在嘴边，让孩子学着寻找标识，辨认方位。

（4）鼓励孩子自己拍照，尝试不同的摄像角度和尺度，同样有助于孩子更好地理解空间位置。所以，拍娃晒娃后，别忘了把相机交给孩子，陪着他一起拍拍风景。

（5）想让宝宝爱学习，就别紧紧拴着他，只要不危险，就鼓励他去"好奇"。比如，看到孩子一动不动地观察小鸡小鸭吃东西，不要打断他，这些动物行为的各种数据正在迅速涌入他的小脑瓜，千万不要对他的探索做负面评判。

（6）旅途上看到不一样的文化风俗、不同肤色的人，帮孩子认一认，他对世界的判断会更准确，解决问题的能力也会更强。

（7）当地景区太挤？那就去博物馆吧。提前跟孩子准备几个问题，让他到博物馆里找答案。最好选择互动性强的科技馆、自然馆。

去博物馆重在体验、发现，孩子有机会摸一摸、动一动模型，书本里有知识点，没必要死记硬背，重在体验。

（8）假期出行是锻炼孩子情绪自控力的好时机。出行前跟孩子设定期望，提前告诉他："我们这次出门三天，要坐两次高铁，在高铁上要坐4个小时。你可能会觉得无聊，你可以挑选几本你爱读的绘本，或者玩玩具，争取这4个小时做乖宝宝，好不好？"在公共场合要反复提醒孩子注意事项，每次出门、去餐厅时，细致地强调一下你希望他怎么做。

（9）孩子表现好，一定要及时表扬，强化他的好行为。

（10）做好孩子会情绪失控的心理准备，万一他已经在公共场所开闹了，首先应该带他暂时离开，等孩子冷静下来，再跟他分析对错，不要立即当众打骂，那只会让局面更难堪。找个安静的空间，运用情绪"三步走"策略：让孩子描述情绪，分析情绪，反思整个发脾气的过程。

（11）亲子出游，爸爸表现的时刻到了。出去玩，爸爸可以利用自己体能好的优势，多带孩子做运动。比如，跟孩子在海边疯跑，在公园玩球，带孩子爬山。

Dr. 魏的小叨叨

外出游玩，最重要的一个字是"玩"，但是家长如果能注意一些聊天技巧和问问题的技巧，可以让孩子一边玩一边发展各种能力。详细叙述的聊天风格会让孩子更愿意回忆过去并说出过去的事情，孩子的自传体记忆发展得更完善。出去玩一趟，想要孩子记得更多更牢，我们应该抓住时机，在孩子对回忆的印象还比较深刻的时候聊天，问开放式的以 W 词汇开头的问题，比如为什么、怎么样。问问题的形式可以多样些，除了事件本身，还可以问问感受，谈谈引申出来的社会现象和规则。

育儿魏来答

Q1: 如何引导小宝宝安静地听故事?

家长: 我家宝宝 1 岁半,我们试过很多次在睡前很安静的环境中给他看绘本、讲故事,可是宝宝能安静地坐 5 分钟就不错了,不一会儿就不愿意了。请问怎么才能让宝宝安静地听故事、看绘本呢?

Dr. 魏: 1 岁多的宝宝精力旺盛,喜欢四处探索。培养阅读习惯,要从家长的详细引导和行为养成两方面做起。首先,选择能刺激他视觉、听觉、触觉的书。有韵律的文字、色彩鲜艳的认知图鉴或者翻翻书都可以尝试,看看你家宝宝更偏好哪种。

妈妈要用生动活泼的声音来朗读,并且引导孩子仔细观察图画的细节,比如:"你看这只小狗在做什么?"用手指、提问题、用活泼的语气,都能引导宝宝安静下来,跟着你的引导,参与进来,和你互动。

行为养成上,妈妈可建立一个每晚严格执行的流程,比如洗完澡后,就是读绘本、讲故事的时间。小宝宝注意力有限,一开始可以设定读 5 分钟，之后睡觉。在建立起这种阅读的行为习惯后，如果想增加宝宝的阅读时间，一方面可以根据宝宝的阅读水平适当延长，另一方面也可以在白天给宝宝分多次进行短时间阅读。最后说一句，对于这个年龄段的小朋友，读大量的书不如少量的书重复读。

Q2：宝宝喜欢撕书怎么办？

家长： 我家宝宝 11 个月了，还不会说话，她喜欢看立体书，但有一个坏习惯，喜欢撕书。她这么小，我无法跟她讲道理，这种情况应该怎么处理？

Dr. 魏： 11 个月大的宝宝喜欢撕书，是这个年龄段的特点，不是坏习惯。在她眼里，书就是一种玩具，负责遭受她的各种"折磨"。特别是立体书，撕起来"唰"一声响，非常好听！这种心情，大概就跟我们看到塑料泡泡就忍不住要捏爆一样。此外，这个年龄段的宝宝还喜欢扔东西，你帮她拿起来，她转眼又扔掉，还很兴奋；喜欢翻箱倒柜，把抽屉推进拉出。这都是她行动能力变强，用手探索世界的表现。

既然宝宝撕书是正常的表现，那么与其惩罚她，不如给她挑选合适的书，比如布书、硬纸板书，既耐撕又耐磨，既培养了宝宝对书的兴趣，又拯救了你因为误会她带来的坏心情，一举两得。另外，有研究表明，立体书容易吸引宝宝的注意，却让宝宝忽略了对内容的关注，阅读效果不如读一般的绘本好。咱们帮宝宝挑书，还是"返璞归真"好！

Q3: 背诵记忆和好奇心是否有矛盾?

家长: 有微信文章建议不要让孩子去背诵记忆,要保持一颗好奇心。但回忆起来,我有很多东西反而是在很小的时候记住的,这种记忆更深刻,而且并没有影响到我对事物的好奇心,相反有时还促使我在不懂的时候主动去查阅资料。请问:背诵记忆和保持好奇心是否有矛盾?如果有矛盾,如何平衡这二者?

Dr. 魏: 机械重复的记忆会损害好奇心,损害孩子的思维灵活性,理解式的记忆则不会。理查德·费曼被人们称为继爱因斯坦之后最优秀的物理学家。在他小的时候,有一次跟其他小朋友一起去树林里玩,看到很多不同种类的鸟。小朋友们喜欢比较谁知道的鸟类名称最多,谁的爸爸教的知识最多。当小朋友问费曼时,他说他不知道。

实际上,费曼心里知道,爸爸教他的东西比其他人的爸爸教的都多。原因是,有一次爸爸带他到林中散步,看到一只鸟,便对费曼说:"你知道这只鸟的名称吗?我可以告诉你这鸟在不同语言中的名称,但其实除了发音外,对于这只鸟你其实什么都不知道。我们不如细心观察这只鸟,例如它的身体外形、特征、吃什么等。"

你看,费曼的爸爸很有趣,机械地记住鸟的名称其实还是什么都不知道,我们需要引导孩子去观察那只鸟,理解那只鸟的方方面面。这样才能帮助孩子发现一个更大的世界!

同样，对于背诵诗词，不能只是让孩子机械地重复，而是要建立在理解的基础上。比如，春天来了，跟孩子一起念"好雨知时节，当春乃发生""春眠不觉晓，处处闻啼鸟"。让孩子多一种方式来理解这个世界，多一种方式来表达自己的心情，不是更好吗？

第 2 部分　语言脑

★ 说话能力 ★

联合注意抓住孩子关注
点，结合图像，多利用
非语言线索

★ 外语启蒙 ★

激发兴趣是关键

★ 诗词诵读 ★

填句尾+讲解内容+唱
诗+手势，引导孩子读
诗有方法

★ 阅读能力 ★

鼓励孩子主导阅读过程，
指读促进阅读和识字

第 **3** 部分
情绪脑

情绪管理从小抓起

情绪与社交能力是孩子重要的核心能力之一。我们常常认为说谎是不好的表现，但实际上说谎也是技术活，孩子会说谎，表明他的心理理论能力和自控力增强了，认知发展上升到了一个新阶段。你需要根据孩子说谎的不同阶段，来处理孩子的说谎行为。

如果孩子遇到了困难和挫折怎么办？一方面孩子要有韧性，能够抵御压力，让自己更好地恢复过来；另一方面，也要具有认知灵活性，保持心态开放，适应变化，遇到困难能找办法解决。这两种特性的培养，都需要我们平时给孩子提供稳定的环境、牢固的支持关系，让孩子面对压力时更从容，面对新事物时更开放。

　　孩子面临的第一个重大压力可能就是上幼儿园了。从家到幼儿园，人、环境、生活节奏截然不同，而且要跟爸爸妈妈长时间分离，所以刚入园的时候，经常能看到"孩子抱着妈妈大腿嗷嗷大哭"的"惨烈"场面。我们可以在日常聊天中帮孩子缓解入园焦虑，并且要敏锐地感知孩子发出的需求信号，恰当地响应他的需求，增强他的安全感。上幼儿园后，孩子也要正式开始社交，这时难免遇到一些问题，争抢玩具就是典型的现象。这时候不要一味地教他"让"，而是要让孩子理解他人的感受，培养孩子的所有权意识，教孩子提出自己的需求。

|1| 孩子一去幼儿园就哭闹怎么办？

我有一个朋友，她的孩子上幼儿园了。第一天入园时，她早晨把孩子送去，趁孩子不注意悄悄溜走，然后一个人在家大哭了一场。有时候，孩子入园，家长比孩子更焦虑。

家长们都在焦虑什么呢？一方面，不知道孩子在幼儿园过得怎么样，可能会担心。另一方面，孩子刚入园的那段时间，容易哭闹、黏人，表现出不适应，家长难免着急。

的确，孩子上幼儿园，对孩子和家长来说都是一种挑战。但如果我们能恰当应对，帮助孩子度过最初的适应阶段，就会发现孩子在飞跃式成长。

——● 孩子上幼儿园面对的挑战

我们先来看看孩子上幼儿园都要面对哪些挑战，然后我们再有针对性地提供帮助。

想象一下，孩子第一天走进幼儿园，照顾他的人是陌生的老师，身边都是不认识的小朋友，他一下子不知道该怎样跟人互动。生活环境是全新的，虽然有很多家里没有的玩具，但真正经过一天他会发现，幼儿园的小床可能比家里的矮，幼儿园的小碗可能比家里的沉，幼儿园的小马桶跟家里的也不一样，他吃饭、睡觉、上厕所都可能觉得怪怪的。还有，幼儿园的作息规律跟家里差别比较大，有活动，有午休，吃东西都固定时间，零食不能想吃就吃。这些关于人、环境、生活节奏的不同，是孩子面临的第一个大困难，孩子要努力去适应。

除了要面对全新的环境之外，跟父母长时间分离，是孩子要克服的第二个困难。不过，2 岁以后，孩子的认知能力有所发展，能够理解父母离开后还会回来。他们甚至会跟爸爸妈妈讲条件，比如"给我讲个故事再去上班"。对于刚开始上幼儿园的孩子来说，他们大多能理解"妈妈会来接你的"。不过由于他们身处陌生的环境，相对于在家而言，会更加依恋父母，所以分离时的抗议动作可能更加明显。在新生入园的时候，常能看到孩子抱着妈妈的腿嗷嗷大哭。

> 一般来说，孩子在 6 个月到 2 岁之间，对父母依赖非常明显，如果分开，孩子就会烦躁哭闹，产生我们常说的分离焦虑。

我们千万不能忽视孩子入园时的压力，研究表明，孩子上幼儿园感受到的压力和挑战，会表现在体内激素水平的变化上。这个研究检查了 151 个 3 岁到 4 岁半的孩子，观察他们在幼儿园时唾液皮质醇的增加情况，发现与在家时相比，63% 的孩子在幼儿园时的皮质醇水平有增加。皮质醇是人体产生的一种激素，在应对压力时扮演重要角色。你看，上幼儿园对孩子来说，真的是一个大挑战。

不过绝大多数孩子的适应能力很强，经过或长或短的一段时间，都可以适应新环境。在这段时间里，我们可以给孩子提供适当的支持，帮助他们顺利地渡过难关。

——● 家长如何帮助孩子应对入园挑战

帮助孩子面对陌生人和陌生环境

上文说了，孩子上幼儿园，要面对陌生的老师和同学，面对不熟悉的环境和作息时间。家长可以从这个角度来思考怎样帮助孩子。比如，入园前爸爸妈妈可以带孩子去熟悉幼儿园的环境，试着坐坐小椅子，上个卫生间。入园时，给孩子带上一张全家福照片，贴在教室的墙壁上，孩子想看时可以看得到。还可以带上孩子喜欢的小毯子或毛绒玩具，陪着孩子睡午觉，减少他对环境的陌生感。

父母可以跟老师聊天，营造友好亲切的氛围，孩子在旁边看到，会更加信任老师。看看邻居有没有在同一个班的小朋友，放学后安排孩子们多在一起玩，让孩子在班里有好朋友，会大大缓解他的压力。

在作息方面，可以考虑调整孩子在家的作息安排，尽量跟幼儿园一致。比如，中午有安静时间，吃饭、睡觉时间跟幼儿园一致。这样孩子即使在家过了一个周末，节奏也没变，再上幼儿园会更顺利。

还有一点也很关键，我个人喜欢时不时地问女儿在幼儿园的一天过得怎么样，有什么好玩的，有什么她不开心的事。多让孩子练习表达自己的感受，鼓励她说出自己的需求，如果可以，满足孩子的需要，这样的话，孩子在幼儿园如果遇到困难，就有能力向老师求助，也更愿意表达自己的想法。

有时候我女儿会说这一天中让她得意、高兴的事情，比如她在班上回答问题是最快的。更多的时候她说的是让她不开心的事情，她可能会说"今天是不开心的一天，因为 ×× 老师没有陪我下棋，但是陪了 ×× 同学，说话不算数"。这些聊天一来缓解了孩子在学校积累的负面情绪，二来也帮助我了解她的集体生活，及时关注她的心理动向。我女儿有一天告诉我她的男朋友是 ×××，其实她不懂"男朋友"的含义，但是她觉得跟这个男生玩得很开心，就以为是男朋友。

帮助孩子缓解分离焦虑

上面说的是解决孩子面对陌生人和陌生环境的问题。另外，还要注意照顾孩子与父母长时间分开的担心。首先，送孩子入园的时候，你要跟孩子正面告别，让孩子有心理预期。我们前面说过，2 岁以后的孩子能理解父母离开和返回。千万别玩消失，这样孩子会更担心。

如何缓解孩子的分离焦虑呢? 我询问了爱贝睿家长教练刘建鸿老师，他是华东师范大学发展与教育心理学博士，是国内积极教养的先行者。刘建鸿老师说，除了你跟孩子告别，最好还要鼓励孩子跟你说"再见"。因为这让孩子有一种掌控感，觉得是自己跟父母说了再见，父母才走的。

> 告别时鼓励孩子主动说"再见"，让孩子有掌控感，孩子为自己的行为负责，更有勇气面对新环境。

跟孩子约定什么时间来接，也有技巧。如果你说"妈妈下午5点来接你"，孩子没有办法理解5点是什么时候。你可以说，"你在幼儿园吃完晚餐，妈妈就来接你"。一定要记住，说话算数，说了是妈妈来接就尽量由妈妈接，否则会失去孩子的信任。

当孩子已经表现出焦虑的时候，家长的处理方式非常重要。很多父母喜欢哄，说："你看幼儿园多好啊，有那么多玩具呢，家里都没有！"这样的反应，会让孩子觉得爸爸妈妈根本不了解自己。我们需要与孩子共情，两三岁的孩子语言能力和情绪识别能力可能还不够，我们要帮助他用语言描述自己的感受："宝宝今天上幼儿园，中午睡不着觉，有些害怕，想妈妈了，是吗？妈妈也想宝宝呀。"

更重要的是，你要解决自己的"分离焦虑"问题。很多妈妈就像我的那位朋友一样，孩子上幼儿园，自己比孩子更焦虑。这样有可能把焦虑"传染"给孩子。在孩子上幼儿园之前，如果你经常教训孩子："你怎么还不会自己吃饭？这样上幼儿园可怎么办?!""你拉屁屁都不会告诉大人，怎么上幼儿园?!"孩子对"幼儿园"产生恐惧也就不奇怪了。

最后我要说的是，研究发现，好的幼儿园能缓解孩子的入园压力。皮质醇的上升与过度控制的护理方式有关，而如果课堂氛围和谐，老师足够关注孩子，孩子在幼儿园的皮质醇水平与在家的水平相差就比较小。所以，在给孩子挑选幼儿园时，记得要观察一下真实的课堂情况，看看老师与孩子的互动状态。

Dr. 魏的小叨叨

孩子上幼儿园要面对诸多挑战，要面对陌生的人、不熟悉的环境和作息时间，以及跟父母长时间分开的焦虑，我提供了破解这些困难的办法。最后还需要强调的是，一个老师跟孩子互动好的幼儿园也很重要。希望这部分内容可以解决你家孩子入园的问题，也欢迎你把这篇文章分享给周围孩子要上幼儿园的朋友，让他们也远离焦虑。

|2| 走出认识误区，给孩子足够的安全感

──●孩子黏人，是缺乏安全感吗？

曾有位妈妈问我："我家孩子 3 岁多了，还老是黏着我，是不是安全感不足？"我说："你具体说说，孩子是怎么黏你的？"她想了想，说了几件事。

- 只要她回到家，孩子就老爱挤在她身边，总想爬到她身上。
- 她和孩子在家，她在写文章，孩子玩小汽车。她起身去倒水，孩子就赶紧跑到她身边，抱住她的腿。
- 周末她带孩子去游乐场玩，孩子玩一会儿游乐设施，就跑回来找她腻歪一阵，再去玩一会儿又跑回来找她，就不能自己独立地好好玩。

我一听，乐坏了。孩子有这些行为，就是安全感十足的表现，简直像教科书一样标准。这位妈妈完全误会孩子的安全感了。

──● 对孩子安全感的四个认识误区

心理学家把依恋关系分为安全型依恋和不安全型依恋，如果母子间建立了安全型依恋关系，可以认为孩子是有安全感的。

> 科学研究发现，安全感不仅影响孩子的社会情绪发展，还会影响孩子的认知发展。

家长们现在很重视孩子的安全感问题，我能理解，也非常支持。但是，目前网络上关于孩子安全感的说法中，存在四个认识误区，容易误导家长。

误区一：孩子黏妈妈，就是没有安全感

第一个误区，就像前面我提到的那位妈妈一样，以为孩子黏妈妈就是没有安全感。可这恰恰是孩子建立了安全型依恋的表现。

你可以想象一下，孩子像一艘轮船，终有一天会远航。他一方面想离开基地，探索新奇的世界；另一方面需要一个停靠的港湾，累了回来加油，受伤了回来修复。

你呢，在孩子成长过程中，就要扮演这两个角色，一个是当孩子的安全基地，坚定安稳，不管他走多远，都知道你永远支持他；另一个是当孩子的安全港湾，如果他累了、怕了或伤了，随时可以回来得到你的安慰。

这下你知道了吧，孩子过一会儿就回来找妈妈，喜欢抱着妈妈、

挨着妈妈，其实是把妈妈当作最信任、最可依赖的人了。他知道，妈妈爱他、支持他。当然，随着孩子慢慢长大，独立探索的时间会越来越长，找妈妈的频次会渐渐减少。

误区二：孩子安全感不足，全怪妈妈

我发现一个怪现象，只要孩子有安全感不足的迹象，很多人都会责怪是妈妈的问题。我得说，这锅不能都让妈妈背。

当然了，妈妈的养育质量越高，孩子越容易形成安全型依恋，这一点是有研究证实的。一个有安全感的孩子，他的妈妈通常对孩子的需求敏感，而且反应迅速、一致又恰当，与孩子的情感步调也是协调一致的。

但是，母婴依恋的双方是妈妈和孩子，孩子的特征也会影响依恋关系。举个最简单的例子，如果一个孩子的性情是容易哭闹发脾气，那妈妈有时候生气不理他也是可以想象的，这样自然对依恋安全性有负面影响。

此外，孩子生活在一个社会系统里，家庭环境、社会环境都影响着孩子与妈妈的关系。可以想象一下，如果爸爸和妈妈在家里整天生气吵架，对母婴关系有什么影响？如果两个家庭内部环境差不多，一个可以请靠谱的托幼机构帮助照顾孩子，另一个没有外部力量的支持，对母婴关系又有什么影响？

误区三：成年人小时候与母亲依恋关系不好，养育孩子一定有问题

有些成年人会控诉自己的妈妈，说自己现在的亲子关系处理有困

难，都怪小时候妈妈对自己太残忍。这个锅，不能扣在老人身上。

依恋关系的确有代际传递性，国内曾有学者做过研究，发现妈妈与孩子的依恋类型之间的对应率在 60% 以上。正如你看到的，并非完全对应。西方心理学家发现，如果一个妈妈不管自己小时候的经历怎么样，都能客观冷静地讨论童年，她的孩子一般会形成安全型依恋。如果一个妈妈一回忆童年经历就愤恨，她的孩子常会形成不安全型依恋。

> **小时候的经验，并不能决定你的养育方式，关键是怎样看待当时自己的经历。**

误区四：幼儿时期安全感不足，一辈子都会缺乏安全感

有人说，形成依恋关系的关键期是孩子出生后的两年，如果没有在孩子 2 岁前建立安全的依恋关系，就是给他的人生打上了悲伤的底色，永远擦不掉。这个说法太夸张了。

的确，孩子的依恋关系类型在一定程度上是比较稳定的。比如，国内学者跟踪研究了 100 多个孩子，发现他们 1 岁多时的依恋关系类型与 3 岁时的依恋关系类型大多数一致。但是，很重要的是，你还需要考虑养育行为的持续性、环境因素的稳定性。

你肯定能想到，如果一个孩子 2 岁前得到疼爱的照顾，2 岁以后家中发生变故，比如父母离异或者发生意外事故，母婴依恋关系很有可能会出现变化。如果一个孩子 2 岁前缺乏亲密关系，但后来家长的

养育行为有改善，或者在家庭之外孩子还有其他情感支持，那么孩子完全可能重新拥有安全的依恋关系。

——● 给孩子足够的安全感，家长可以这样做

家长们都想知道，自己孩子的安全感到底够不够？首先你要知道，大多数孩子都有安全感。无论是东方还是西方，大部分文化中孩子的安全型依恋都占主导地位，在 60% 以上。

而不安全型依恋，可以分成三类：一种是回避型，这类孩子跟妈妈关系平淡，离开妈妈时不哭，妈妈回来也不理；一种是反抗型，离开妈妈时反抗得特别厉害、使劲哭，等再见到妈妈时既生气又想求安慰；还有一种是混乱型，有时候冷漠，有时候又激烈，比较矛盾。

在西方文化里，回避型不安全依恋比较多，大约有 20% 的孩子属于这一类。在中国和日本，反抗型不安全依恋比较多，在 20% 以上。混乱型不安全依恋在中西方文化中都比较少见。可以说，不同文化中，安全是一样的，不安全则有不一样的表现。

为什么会有这样的差异呢？学者们猜测，西方文化中，在孩子很小的时候，妈妈就强调独立，鼓励他们自主探索、表达自己，所以表现为回避型不安全依恋的孩子多；东方文化中，妈妈希望跟孩子关系密切，不希望孩子离开自己，又不鼓励孩子表达情感，对孩子发出的信号不敏感，所以孩子对妈妈有依赖，却又因为发出的情感信号得不到回应而生气，从而产生矛盾心理，因此表现为反抗型不安全依恋的孩子居多。

那么，你可以给孩子更多安全感吗？当然可以，记住一句话就行：敏锐地感知孩子发出的需求信号，及时恰当地响应孩子的需求。我举几个例子。

安静

妈妈坐在沙发上，孩子站在妈妈脚边的地板上，看看妈妈，又看看爸爸前一天晚上带回家的一个玩具箱，没吭声。遇到这种情形，有的妈妈说，孩子安静地待着，挺好啊。要知道，孩子这时其实是想探索这个陌生的玩具箱，但勇气又不足。他需要鼓励和支持。这时候妈妈可以先开口："宝宝，你想玩什么呀？去拿吧。"

哭闹

孩子跟另一个小朋友抢玩具，没抢赢，大哭大闹。有的妈妈在这个时候会拿另一个玩具哄孩子："给，玩这个吧，这个一样好玩的，看，还闪光呢。"可孩子还是哭个不停。要知道，孩子此时只想表达愤怒和伤心的情绪，他最需要的是理解和安慰。所以妈妈可以抱着孩子说："你很想玩那个玩具，又不能玩，所以很伤心，对不对？妈妈知道。"

游戏

妈妈下班回到家，好不容易能陪孩子玩一会儿。孩子在搭积木，搭了两层的小房子，正准备搭房顶呢。妈妈拿着绘本过来，跟孩子说："宝宝，快来，妈妈给你讲个好听的故事。"要知道，孩子需要妈妈参与他现在的活动，而不是干预和打断。你或许可以帮孩子递积木："宝宝，你需要什么颜色、什么形状的积木啊？我帮你拿。"

心理学家有一个很好的比喻，叫"情感舞蹈"，就是指妈妈与孩子之间的同步互动。

> 生活中不可能一直是欢声笑语，关键在于你和孩子的关系协调、节奏稳定。

在养育孩子的过程中，妈妈要注意自己的情绪，如果累了、有压力了，不必独自硬撑，可以寻求孩子爸爸的支持，或者是寻求外部力量的帮助。孩子生活在一个生态系统里，许多因素影响着他的成长。

——● 安全依恋清单

心理学家沃特斯（Waters）和迪因（Deane）设计了一套卡片，通过观察孩子平时的行为，测量孩子的依恋类型。整套卡片的使用需要经过培训。下面列出几种典型的安全型依恋孩子的行为，如果你的孩子有这些表现，恭喜你，孩子很大概率对你是安全型依恋。

- 孩子玩的时候，一直注意你在哪里，时不时喊你一声。
- 孩子明显表现出把你当安全基地的行为模式，出去玩一下又回来，再出去玩一下又回来。
- 如果孩子被吓到，或者他伤心的时候，只要被你抱在怀里，很快就不哭了，恢复正常。

- 孩子愿意听你的话。
- 你把孩子抱起来的时候，孩子用胳膊搂着你，或者把手搭在你的肩上。
- 孩子一开始害怕某个东西，但你安慰他说没关系，他就敢靠近。
- 你一回到家，孩子就给你一个大大的笑脸。

Dr. 魏的小叨叨

家长们都知道，给孩子足够的安全感很重要。但一些关于孩子安全感的说法，容易误导人。所以我来正本清源，说一说家长对孩子的安全感可能有哪些误会。误区一是认为孩子黏着妈妈就是缺乏安全感。其实这恰恰是孩子建立了安全型依恋的表现，作为家长，我们要扮演好孩子的安全基地和安全港湾的角色，给孩子的成长提供支持。误区二是认为孩子安全感不足，都怪妈妈。虽然妈妈的养育质量会影响孩子的安全感，但孩子的安全感还受其他家庭成员和外部环境的影响。误区三是将自己与孩子的亲子关系状况归因于自己小时候的经验。误区四是刻板地认为幼儿时期的安全感是否足够会影响终生。其实，以上这四点认识都是不对的。那么，家长应该怎么做，才能给孩子真正的安全感呢？关键是要敏锐地感知孩子的需求，并给予及时恰当的响应。此外，我们要知道，许多因素都会影响孩子的成长，在养育孩子的过程中，孩子妈妈可以寻求孩子爸爸和外部力量的支持与帮助，共同为孩子提供安全可信赖的成长环境。

|3| 家庭支持是增强孩子抗压能力的关键

———● 如何让孩子面对压力时更从容？

我有时会看到一些不同年龄段的孩子因无法承受压力而伤害自己甚至自杀的新闻，有因为不让玩手机游戏的，有因为早恋的，有因为考试压力大的，每次看到这些，我心里都很难受。

网上的键盘侠们也会在评论区跟风讨论："为什么有这么多年轻人会自杀？"有人说现代人压力太大，有人说现在的孩子心理太脆弱，是温室里长大的花朵，一点儿抗压能力都没有。

其实，压力、混乱和危险，的确有可能让任何人失去理智。不过，我们可以借着这个问题想一想，为什么面对压力时，有些人会轻易放弃，有些人却能克服困难？面对创伤时，为什么有些人能恢复，有些人却终生走不出阴影？

哈佛大学儿童发展中心主任肖恩科夫（Shonkoff）发现，那些能在困境中"逆袭"的孩子，他们的韧性，也就是抗压能力比较强。韧性就是当孩子的健康和发展倾向于积极的方向时，即使孩子遇到了困难、压力，他们积极的人生经验也可以击败消极的经验，让自己更好地恢复过来。

研究发现，韧性强的孩子有下面这四个共同的特点，你可以对照看看自己家的孩子有没有表现出这些特点。你自己有没有呢？

第一，至少与一个成人有稳定、关爱和支持的关系。比如，对于大人来讲，至少有一个好朋友；对于孩子来讲，这个人如果不是爸爸妈妈，至少是爷爷奶奶。

第二，对自己的生活环境有掌握感，也就是生活环境比较和谐、稳定。

第三，有强大的自律能力和执行能力。

第四，有信仰或文化传统的支持。

如果你没有发现这四个特点，也没关系，我们可以在任何年纪把这种韧性培养起来，当然，越早越好。

其实我们时刻在学习和适应新的挑战，但是，这种学习和适应的能力，当我们还是孩子的时候最强大。你想想，小宝宝连爬一爬、拿个筷子都得学习，他每天要应对的挑战是不是比你多多了？

> 提高孩子的韧性，也就是抗压能力，离不开父母的支持和互动。

孩子面对的困难比较多，他们需要的帮助也更多。这里的关键是，孩子至少要与一个成人有稳定牢固的支持关系。许多研究发现，孩子大脑的发展依赖与成人之间的互动过程。如果没有这种稳定的关系，孩子大脑的架构就无法得到最好的发展。

你可能会想，这跟大脑有什么关系？当然有关系。

人是社会动物，学习是内嵌在人和人的交往中的，我们的大脑发育也是由社会或者家庭的微环境支撑的。如果没有支持，就会产生压力，这对大脑发育有负面影响。

当人感受到压力时，心率会增加，血压会升高，压力激素也会升高。如果一个孩子遭受一些重大的苦难，比如被虐待、被忽视，孩子身体和大脑中的应激反应系统会被过度激活，这时候，如果孩子缺乏与大人的稳定关系作为保护缓冲，孩子的压力反应系统就会保持长期高度警惕的状态，就像汽车发动机一样，一直转，持续好几天甚至好几个星期。

这种情况下产生的压力被研究者们称为毒性压力。它可能会削弱孩子的生理系统和大脑架构，影响孩子的认知能力，比如执行功能、对威胁的快速反应，以及控制冲动的能力。总之，有毒压力会使孩子产生学习障碍。

所以你看，行为问题就这么自然而然地出现了。

下面，我着重根据前三个特点讲一讲如何培养孩子的韧性。

成人要与孩子建立稳定牢固的支持关系

如果孩子处在一种与成年人有稳定支持关系的环境中，那么孩子的压力反应系统被激活后，心率、血压、压力激素等生理效应就能得到缓冲，之后能回到正常的基准线。

举个例子，当一个小宝宝大哭的时候，如果你及时给他适当的反应，比如用目光接触、说话安慰他，或者抱抱他，会刺激孩子体内的催产素，这种激素能让孩子产生安全感和幸福感，并且在他的大脑中建立一种正向的神经联系。

> 跟孩子的积极互动可以刺激孩子体内的催产素，产生安全感和幸福感，塑造大脑神经构造。

其实，孩子大哭大闹，有可能是生理原因，也可能是他感受到压力，又不知道如何表达，哭是因为他想要平复情绪、安静下来。所以面对发脾气的孩子，不管我们内心有多烦躁，也要用积极的方式来处理，始终以追求正面结果为主导，而不是纠结于孩子的错误，这样孩子才能始终感觉到父母的爱。

现在有很多家长为了锻炼孩子的抗压能力，会刻意打压孩子，甚至刻意挑战孩子的极限，比如体能的极限。我觉得没有必要，孩子成长过程中充满了挑战，不需要刻意营造。家长的主要作用应该是给孩子提供一个稳定的、支持的环境。

——● 让孩子对自己的生活环境有掌握感

想让孩子对自己的生活环境有掌握感，首先要一步步帮助孩子学习适应压力。你得明白一点，不是所有压力都有害。

每个孩子在生活中都会遇到这样那样的压力，绝大多数压力是可以承受并克服的。

> **在大人的支持和帮助下，孩子的绝大多数压力可以转化为积极有益的影响。**

随着时间的推移，孩子的身体和大脑都开始认识到，压力越来越容易管理，自己其实能够更好地应对身体和精神上的困难。

在这里，我分享一位家长给我的留言，她说：

"孩子4岁了，今天提出来要去游泳，于是我们兴致勃勃地带他去了。结果到了地方，下了水，他又哭着喊着要出来。我们尝试了很多方法，先是好言相劝，然后是玩具诱惑，后来直接就是强迫，都以失败告终，对孩子的教育我现在有点儿力不从心了，怎么办？"

在这位家长的问题里，这个孩子可能是有恐惧感，害怕溺水。这时候可以用我在《给孩子的未来脑计划》一书中详细讲过的"搭脚手架"的方式，给孩子的"心智大楼"进行支架式的教学，也就是一步一步引导孩子，教他克服困难。比如可以先让孩子在水池旁边看一会儿，看看爸爸妈妈是怎么游泳的，看看其他孩子是如何自己游的，然后一步步引导他下水。

不怕大家笑话，其实我女儿前几次下泳池，一直都是吊在我脖子上，但是没关系，我很有耐心地抱着她来回走。这样循序渐进，即使她当天没有学会游泳也没关系，她会开始熟悉水下的新环境，不会对水产生那么大的恐惧了。

同时，我会给她布置一些小任务，比如让她自己扒在泳池边上，试着划水，我则在后面抱着她。做任务会让她的大脑分泌快乐因子多巴胺，这时候孩子更有主动性，对于陌生泳池的恐惧也渐渐有了掌控感。还有一些游泳教练，第一堂课时会教孩子，当实在游不动的时候，以什么姿势能最快最省力地浮起来，脚抽筋了怎么做，去哪里找救生员，这样让孩子知道自己是安全的，即使有危险也是可控的，他就会更有勇气，觉得"我能行，我能克服困难"。

──● 帮助孩子发展强大的自律能力和执行能力

除了我提到的"牢固的支持关系""稳定的环境"外，孩子是不是拥有强大的自律能力和执行能力也很重要，因为韧性跟孩子能不能为了长期计划忍住冲动、克服困难有关。

不过，发展自律能力对孩子来说是最难的。他们的认知发展往往还没有到位，所以家长不要急于求成。首先还是要保证你跟孩子之间是一种稳定、支持的关系。在家里也尽量保持一种秩序感，比如建立清晰稳定的家庭时间表，每天几点起床、几点吃饭、每晚几点一起读书，孩子知道什么时间会发生什么事，这种规律的作息习惯首先会让他们感到安心。

这个过程可以让孩子参与进来，跟他一起制订计划，比如每日计划、购物清单、出去吃饭要遵守的规则清单，在耳濡目染中训练孩子的规划能力。

有些家庭，爸爸妈妈可能跟孩子是两地分居的。这些家庭其实更要给孩子制定明确和可预测的日常生活规范。就算没有跟孩子住在一起，也要建立问候的惯例日程。比如我去国外出差的时候，会提前告诉孩子，我每天几点会给她打电话。同时，我也会跟孩子周围的人了解她的情况，这样在跟她聊天的时候，她会发现，虽然我离得远，但她的事我都知道，我一直在关心她。这种安全感，在孩子遇到困难时是一种缓冲和保护。

📋 Dr. 魏的小叨叨

有时候我们大人会忽视小孩的挫折感，很多事情在我们看来无足轻重，对孩子来说却重于泰山，一些高度敏感的孩子在紧张、有压力的情况下，会表现得更加脆弱。这个时候指责他们肯定是火上浇油，但是如果家长温柔而积极地回应他们，可以让整件事情产生戏剧性变化，这类孩子最需要家长的理解和支持。

总结一下，我跟大家分享了如何让孩子更有抗压能力，在这里引入一个词：韧性。韧性就是增加孩子的内在力量，它源于孩子内部能力和外部经验之间的相互作用，源于家庭环境的支持性关系、孩子自身的适应能力和积极的经验。发展韧性就像给孩子的未来买保险，可以帮助他抵御未来可能出现的压力。

👁 行为观察 × 脑力训练
（适合 5 ~ 6 岁的孩子）

行为观察

画一个难过的脸，跟孩子说："你要给它很多笑容，才能得到一个快乐的脸。"在孩子给了 6 个笑容之后，你再画一个开心的脸，并且跟孩子说："谢谢你的笑容，现在难过的脸不再难过了。"看看孩子愿不愿意玩。

脑力小游戏——坏事情，好事情

和孩子一起玩好坏故事接龙，让一件坏事情后面接一件好事情，好事情又接着坏事情。比如，来一个简单的开头："小熊感到心烦意乱，因为外面太热了。"再接一个积极的转变："森林的旁边有一个很大的湖泊，小熊可以去那里游泳。"接着："可是，湖泊在很远的地方，小熊不敢自己去。爸爸妈妈也在忙，不能陪他去。"……你和孩子一起大开脑洞吧。

心理学家塞林格曼发现，孩子对生活的态度是乐观还是悲观，取决于他的解释风格，其中一个因素是永久性。如果孩子认为不好

想要尝试更多行为观察和脑力训练小游戏？请下载"未来脑计划App"，成为脑计划 VIP。

的事情是永久的、不变的，那么他就容易消极，对生活充满悲观；如果他认为不好的事情是暂时的，那么他就容易积极，对生活充满乐观。在玩这个游戏的过程中，孩子会潜移默化地意识到，坏消息是暂时的，情况会变好的。

|4| 孩子说谎不一定是坏事

——● 孩子对我说谎，怎么办？

很多人跟我讨论过孩子说谎的问题。面对孩子说谎，一些家长容易反应过度，甚至把说谎跟道德联系起来，担心孩子的道德品质出现了问题。作为一名科研工作者，我从没有担心过孩子说谎的问题。这倒不是因为我家孩子不说谎，而是我把孩子的每次说谎，都当作对她认知能力的一次标记看待。

> 虽然我们普遍认为说谎是不好的行为，但从认知发展的研究来看，说得一口好谎，是社会认知力，俗称情商发展的表现。

相信各位爸爸都有过跟我一样的经历，都被妻子问过："我的新衣服好看吗？"虽然我看不出新衣服跟其他衣服有什么不同，还是得变着法儿地去赞美。

你看，成人的世界需要"谎言"，我们需要考虑别人的感受，说些"谎话"来恭维，我们需要为了规避一些不必要的麻烦而用"谎话"当借口。这些"谎话"都是要打双引号的，它跟道德无关，反而是维护、缓和社会关系的一项重要技能。

不过，孩子很难理解，为什么通过说谎来逃避责任是错的，为了考虑另一个人的感受而说谎就不算错。等他最终可以理解这套复杂的社会规则，往往要到青春期，经过漫长的认知发展过程才能做到。所以，说谎也是门技术活儿。这里，我先带大家认识一下说谎这个认知过程。

首先，很多3岁以下的小宝宝根本不会说谎。这个阶段的孩子大多无法区分"想象"和"现实"，说起话来常常是天马行空，"想象"和"现实"混在一起。比如有一次，我朋友的孩子信誓旦旦地跟我说："我爸爸去过火星！"其实是他爸爸带他看过有关火星的纪录片，孩子的记忆混乱了，无意识地把"想象"当作了"现实"。

研究发现，3岁之后，超过半数的孩子开始有意识地说谎了。不过，他们还只会说谎，不会圆谎。加拿大多伦多大学的儿童研究所主任李康教授研究了20多年儿童的说谎行为，他表示，就像做美食需要有好的食材一样，想要说一个完美的谎，首先需要一种关键原料：心理理论（theory of mind）。我在《给孩子的未来脑计划》一书中介绍过心理理论，简单说就是读心的能力。心理理论是有等级、慢慢发展起来的。一度心理理论，就是对自己内心的觉察。二度心理理论，是对他人内心的觉察，能解读出别人在想什么。想要圆好一个谎，我得知道你知道什么，不知道什么，这样我才能刚好把"谎"说在你不知道的"盲区"里。

3 岁时孩子的一度心理理论开始发展。他们有了自我意识，知道自己能做什么不能做什么。但是，这个阶段的孩子以自我为中心，觉察不出他人的想法，常常在别人的眼皮底下说谎，弄得啼笑皆非。比如我女儿 3 岁的时候，背着我吃了家里藏好的水果糖。事后我问她，她说："妈妈吃的。"我说："哦，是这样啊。那你知道这个水果糖是什么口味的吗？"她老实地说："苹果味的。"

你看，孩子说了一个比较低阶的谎。不过，我听后不是觉得生气，而是觉得有意思。她的表现很符合这个阶段孩子的心理特征。很多儿童研究揭示了这个阶段孩子的说谎行为，他们开始意识到自己的某些行为是不对的，也开始想办法掩盖，可他们还推理不出别人的心理状态，往往下一秒谎言就暴露了。

再长大些，四五岁的孩子，二度心理理论开始发展，他们开始推测不同人的不同想法，这时候超过八成的孩子开始说谎。

在说谎的进阶之路上有一个拦路虎，就是执行功能的发展。想要成功骗到别人，不管你是内疚、害怕还是羞愧，甚至有点儿小兴奋，都得调节好这些情绪。同时，你的语言、面部表情和身体动作得控制得非常到位，才能显得自然。

> 执行功能是大脑的一项高级能力，涉及一系列认知技能，包括自我调节、抑制控制等。

大部分孩子的执行能力不足，做到这些对他们来说是很难的。比如，一般来说，小宝宝无法抑制那些在现实世界里比较突显、直接的表征。换句话说，他们看到什么新奇物件就说什么，甚至不管这种行为会造成什么后果。童话故事《皇帝的新衣》里实话实说的小男孩，很可能不是因为诚实才道破真相，实在是因为看到国王裸体游行，抑制不住新奇的感觉，就喊了出来。

> **研究发现，孩子的心理理论和自控力越强，会越早开始说谎。孩子的说谎模式反映了他们的认知发展阶段。**

所以，如果你发现孩子说谎了，先别生气，像我一样观察他们说谎的模式，这是检验他们认知发展阶段的好机会。当然，只是了解孩子说谎的发展阶段还不够，接下来，我教你如何对症下药，改善孩子的说谎行为。

——● 小宝宝的无意识说谎

如果你家孩子还处于说谎的初级阶段，对写家庭作业、做家务或者刷牙洗脸这些事随口说的谎，最好的做法是淡然处之，替孩子找一个借口，简单纠正就行。比如，对于说爸爸去火星的那个小孩，我是这么说的："哦，你是不是看了火星的纪录片呀？你是不是很喜欢火星呀？等你长大了，做了宇航员，就能带爸爸去火星旅行了！"

这个阶段的重点，不在于纠正，而在于平时的预防。怎么预防呢？很多研究者认为，家庭对话是很好的方法。

> **家庭对话中，父母和孩子的谈话总量越多，孩子的情绪调节能力和对心理理论的掌握程度越高。**

你可以跟孩子聊一聊什么叫说真话，什么叫说谎。我的女儿三四岁时，我跟她分析过说谎的类型，什么叫善意的白色谎言，什么叫不诚实的说谎。不过，不要像教导主任一样在孩子身边喋喋不休，而要用孩子最受用的举例子和讲故事这两种方式。

举例子是发生了类似的事情，就顺着事情说一说。比如："我知道你不喜欢小 a 的裙子，可是你不能直接说出来，这样她会伤心的。"不过，三四岁的孩子处于自我价值的定位期，自尊心比较强。如果孩子说谎，比起直接批评，更好的方法是拿别人举例子，比如："你看，小 b 直接对小 a 说不喜欢她，你看到小 a 脸上伤心的表情了吗？"

讲故事的时候，也有技巧。一个秘诀就是，重点突出不说谎带来的好处，而不是说谎带来的惩罚。有一个非常有意思的实验，研究者给三组孩子听三个不同的跟说谎有关的童话故事，其中有《木偶奇遇记》《放羊的孩子》和《华盛顿砍倒樱桃树》，结果发现，听《华盛顿砍倒樱桃树》的孩子，之后更不可能说谎。这是为什么呢？因为这三个故事中，只有华盛顿的故事特别强调了不说谎带来的好处，这种正面强化的力量更能影响小朋友。比起孩子一说谎就对孩子又打又骂，更好的做法是孩子一有正面的诚实的表现，就及时表扬。

—● 大宝宝的有意识说谎

如果你对照孩子的认知阶段，发现他能揣测别人的想法，属于有意识地说谎，你该怎样做呢？答案是不要揣摩意图，而要引导孩子把客观事实讲出来，然后跟他一起想解决问题的方法。

我举个例子，孩子不小心打碎了花瓶，这时候妈妈严厉地质问他："你为什么要打碎花瓶？"

母子对峙的场面，令孩子的内心焦虑不已，他不得已撒了一个谎："是爸爸打碎的。"

面对孩子的谎言，不同的解读方法会带来不同的结果。你可以解读成"孩子不但想推卸责任，还想陷害爸爸"，这么解读你会越想越生气，只想狠狠教训他一顿。奇怪的是，越打骂孩子，孩子越说谎。这就陷入了一个恶性循环，孩子知道一旦谎言被拆穿，便会受到惩罚，以后更要精进谎言，来逃避惩罚。

对孩子说谎的另一种解读是，孩子是活在当下的，他以为把事情推到远在天边的爸爸头上，就能缓和近在眼前的这种局面。我倾向于这种解读。

> 发生矛盾、冲突的时候，是孩子学会自我调整、解决问题的好机会。说谎，只是一种不成熟的解决问题的方法。

发生冲突的时候，很多家长习惯用第一种解读模式揣摩孩子的意图。但是，质问、指责孩子"你为什么要打碎花瓶"，只能是火上浇油，不可能顺利解决问题。

正确的问法是不带指责，将现状如实描述出来。比如问："宝宝你看，花瓶怎么碎了呀？"这种询问的方式，相当于请孩子参与到解决问题的过程中来。这样一来孩子也许会承认错误，也许他还是选择说谎，这些都不重要，重要的是孩子愿意配合你继续沟通了。

然后，你可以跟孩子一起讨论解决方案，比如："现在玻璃撒了一地可不行，我们一起来想办法解决一下？"

很多家长抱怨孩子说谎、逃避责任，其实，责任感是练出来的。只要让孩子相信，你愿意跟他一起解决问题，一起承担责任，慢慢地，他的责任感也就提升了。

Dr. 魏的小叨叨

2014 年美国的研究显示，如果大人经常骗孩子，不管是善意的白色谎言，还是违背自己的诺言，孩子都更有可能对他们说谎。在说谎这个问题上，父母很容易陷入双标的怪圈：孩子一定不能说谎，要诚实，但做父母的却不那么注意。比如跟孩子开些玩笑，最后说一句"我骗你的啦"；吃饭的时候连哄带骗；答应带孩子出去玩却迟迟不去。研究者认为，一旦孩子认为这个人是骗子，他就更不可能对这个人说真话了。

我再强调一下，说谎也是技术活儿，孩子会说谎，其实标志着他的认知发展上升到了一个新阶段。他的心理理论能力，也就是读心的能力发展了，同时他的自控力也提升了。如果你家孩子还处于说谎的初级阶段，那么，你的关注重点不应是纠正他的行为，而应是多用举例子、讲故事的方式预防他说谎。如果你家孩子开始经常性说谎，那么你的关注重点应该是让孩子知道：我不是来逼你认错的，而是来帮助你解决问题的。

|5| 孩子争抢玩具，不要一味地教他"让"

我曾看到一个新闻，说两个孩子在游乐场抢玩具，结果两个家庭的大人大打出手，甚至有人因此而受伤，这太让人震惊了。为人父母的都知道，孩子之间发生矛盾，很多时候都是因为争抢物品。在公共场合陌生小朋友之间抢，在幼儿园同学之间抢，就算在家里，兄弟姐妹之间也一样抢。要想妥善处理孩子之间争抢物品的问题，你可能要先了解孩子心里是怎样想的，他觉得这东西归谁，该给谁玩。因为，在这方面，孩子跟大人的想法差别还是挺大的。

——● 这东西归谁？孩子跟你的看法不完全一样

首先，我们来聊聊孩子对物品所有权的理解，比如他怎么知道哪些东西属于别人，哪些东西属于自己。

通过"劳动线索"判断所有权

你可能见过这样的情景：两个大约3岁的孩子在沙坑里玩，其中一个孩子用沙子做了一个城堡，特别得意。他要回家了，另一个孩子挖了城堡上的沙子继续做自己的大山，他立刻反对："这是我的！"这个时候，大人一般会想："这孩子真不讲道理，这是公共沙坑。"实际上，孩子会根据"劳动线索"来判断物品的所有权。他知道这沙子是大家的，可城堡是他做的，那就是他的了。

有研究者做过实验，他们给成人一些陶土，告诉这些人陶土归你了。再给三四岁的孩子一些陶土，明确告诉这些孩子，这些陶土属于你们。之后，让成人和孩子互相用对方的陶土制作一个模型，最后分别问成人和孩子这个模型是谁的。结果发现，与成人相比，孩子更倾向于认为自己制作的模型是自己的，而不是原材料所有者的。这是孩子与成人在"所有权"判断方面的一个不同点。

除了通过劳动线索判断所有权，两三岁的孩子还会特别维护自己付出了劳动的物品的所有权。比如，孩子有一团橡皮泥，他用橡皮泥做了一个娃娃。如果有人把娃娃拿走，他会非常强烈地抗议。但如果别人把橡皮泥拿走，孩子的反应通常没那么激烈。现在，你有没有更加理解，当妹妹把姐姐的画作弄坏时，姐姐会格外生气？有没有更加理解，当你把孩子做的"破烂玩意儿"扔掉的时候，他为什么会反应那么激烈？

通过"先占线索"判断所有权

孩子判断物品所有权，除了用"劳动线索"，还会用"先占线索"，也就是说他们明白"先到先得"。研究人员做过这样的实验，给孩子看两个人先后玩一个玩具的情景，第一个人玩的时间短，第二个人玩的时间长，然后问孩子："这玩具是谁的？"孩子们倾向于认为玩具属于第一个人，就算 2 岁的孩子也不例外。

比较好玩的是，孩子对于"先到先得"这件事非常执着。当一件物品被作为礼物送给了别人，3 岁的孩子仍倾向于认为它属于原来的那个人。研究人员给两三岁的孩子讲故事，说："园园过生日了，明明送给她一个布娃娃，那么这个娃娃现在是谁的呢？"孩子们大多数说还是明明的。直到 4 岁，孩子才明白东西送别人了，就是别人的了。有时候你可能会经历这样的情况：孩子们玩得高兴，一个孩子说"这个送给你吧"，另一个孩子开心地拿走玩了，没过多一会儿，第一个孩子又要拿回自己送人的玩具，两个人就这样争抢起来。大人可能会说："你把玩具送给别人了，就是别人的了。"孩子不明白，他认定是自己的，因为原先就是自己的。

你可能想说，既然孩子 2 岁就明白先到先得，那为什么在公共场合还经常发生孩子之间争抢的事呢？就像人们常说的，什么道理都懂，却过不好这一生，哈哈。孩子懂得先到先得，但还是要争抢，有一种可能的原因是，他自己控制不住自己的冲动。比如，孩子看到一个电动小鸭，心想："那小鸭子还会叫，太好玩了，我也想玩！"控制不动冲动，就把所有权这事儿抛在脑后了。所以有研究者推测，那些执行控制能力强的孩子，比较不容易争抢物品。

> 孩子容易被物品的外表或功能所吸引，而放弃对所有权原则的坚持。

是谁的东西谁就说了算

有一件非常有趣的事情是，在 4 岁之前，即使孩子还很小，但一旦明确谁是物品的主人，他就会捍卫主人的使用权和分配权。

比如，我来问你一个问题。园园和明明一起玩，园园正在用蜡笔画一张生日卡片，说要送给妈妈。明明跑过来找园园，说他要用蜡笔。这蜡笔是明明的。如果你在场，会支持园园继续用蜡笔，还是支持明明把蜡笔拿走？

研究者曾经用类似的问题分别问不到 7 岁的孩子和成人，大多数孩子都支持明明，而成年人中持相同观点的大约只有五分之一。成年人可能会认为，就让园园多用一会儿嘛，人家正在给妈妈画卡片呢，会考虑到使用者的需要和权利。

> 孩子会坚定地认为物品所有者拥有使用权和分配决定权，他的东西必须他说了算。

你看，有些时候，我们真的误会孩子了。你一定经历过类似这样的情景：一个孩子拿着球玩，过一会儿他不玩球了，改去玩积木，这时候另一个孩子过来玩球，第一个孩子就不愿意了，跑过来抢。他自己不玩，也不给别人玩。我们大人肯定要说："你这个孩子怎么这么自私？"其实不是，他是在捍卫自己对物品的所有权。

──● 避免孩子争抢，大人需要提前知道的三个关键

了解孩子对所有权和使用权的看法之后，我们再来说说怎样避免孩子争抢物品。我认为最重要的三点：第一，尊重和培养孩子的所有权意识；第二，教孩子理解他人的感受；第三，教孩子提出自己的需求。

先说第一点，尊重和培养孩子的所有权意识。你已经知道，孩子在 2 岁左右就有了物品所有权的意识，这个时候，孩子对所有者的权利非常明确：这东西是我的，不经我允许谁都不能动。他是在实践自己的自主性，有一种控制感。

> **家长要理解孩子排他性的执着，尊重他对自己物品分配的权威，千万不要强迫孩子分享。**

实际上，当孩子的所有权意识强烈起来，他能明确地知道"这件东西属于我"，反而更有可能把自己的东西分享给别人使用。平时你跟孩子说话的时候，可以多用"我的""你的"这类词语，帮孩子强化所有权概念。比如你可以说："妈妈买了一辆玩具小汽车，送给宝宝，这个小汽车是你的。还有一件衣服，这是姐姐的。"

关于第二点，教孩子理解他人的感受。刚刚我们说过，成年人分配物品使用权时会考虑使用者的需求，比如虽然蜡笔是明明的，但园园需要用它画卡片，而且正在画，所以倾向于让园园用。怎样才能让孩子也考虑别人的需求呢？平时可以多鼓励孩子进行换位思考，想

想别人的感受。一方面，在孩子接受别人的礼让分享时，或者被别人拒绝时，帮助孩子品味自己当时的心情，比如："小姐姐让你先滑滑梯，你是什么感觉啊？你笑了，挺高兴的，是不是？""你想玩秋千，已经等了很久，可那个小朋友还是不给你玩，你现在很失落，甚至有点儿生气，是吗？"另一方面，可以引导孩子觉察别人的情绪，比如："他想玩你的玩具，你要是不给的话，他是什么心情呀？"如果孩子意识到"如果不给他，他会失落"，你可以接着引导："那该怎么办？"这里需要注意的是，你不要替孩子做主，让孩子自己来决定。就算孩子决定"那就让他失落吧，这个玩具是我的"，你也不要责怪孩子自私。研究表明，只要孩子开始体会他人的感受，就算这一次孩子不分享，之后孩子也会分享。

第三点，也是非常重要的一点是，你要教孩子提出需求，当他想要一样东西的时候，怎样去问别人要。比如，最基本的原则，得用语言说，不能直接动手拿；还有，态度友好的话，成功的机会会比较大；此外，可以正当地声明自己的权利。在这个过程中，你要多给孩子指导，如果孩子年龄小，你来做示范也可以。例如在游乐园，孩子想玩秋千，可是秋千上已经有一个小孩在玩，你可以跟孩子说："那个小朋友先来，所以他先玩，咱们先去玩其他的，一会儿再来。"然后跟秋千上的小朋友说："小朋友你好呀，我们也想玩秋千哦，你先玩，一会儿让我们玩好不好？"无论孩子的需求有没有得到满足，都可以趁机跟孩子聊一聊他的感受：得到的感觉很不错；被拒绝有些不开心，要安抚一下。还可以进一步解释，有时候提出请求就可以得到，有时候需要耐心等待一会儿，还有时候会直接被拒绝，这些都有可能，帮助孩子认识到，世界上的事情并不是只有一种可能性。

📄 Dr. 魏的小叨叨

你可能会注意到，两个小孩子发生争执的时候，常常嚷嚷"这不公平"，吵着"你玩的时间长我玩的时间短"，吵着"你的积木多我的积木少"。你可能会在心里偷偷地笑：小屁孩儿知道什么叫公平啊！其实，孩子还真知道怎样做事比较公平，不要小看他们。不信，你可以跟孩子做个实验：你拿 10 颗糖，让孩子分成两份，一份他自己留着，一份给你，随便怎么分都行；然后再拿 10 颗糖，告诉孩子，分成两份，但你要先挑走一份，剩下那份给他。你看看，哪次分得更平均？

实验结果表明，就算是 3 岁的小孩，也会在第二次分得更平均，他们知道什么是公平，还会为自己的利益做一些小小的努力。

如果你家孩子第一次就给你更多糖，说明他真的很爱你。

|6| 提升认知灵活性，改善孩子倔脾气

你家孩子有下面这样的情形吗？

玩游戏只玩老三样，遇到稍微难一点的新游戏就放弃，也不找人帮忙，就杵在那边发脾气。

写作业时感觉有地方没写好，不能拿满分，干脆全都不写了，作业常常完不成。

日常生活中很多事情一定要按照他的习惯来，比如喜欢的衣服就连续穿好几天，坚决不换新的。

你可能会说，我家孩子就是顽固、脾气倔。其实，当需要从一个活动切换到另一个活动时，很多孩子容易犯蒙，这是因为他们的认知灵活性还不够。

●认知灵活性帮助孩子适应变化

认知灵活性是非常关键的认知能力，关系到孩子能不能根据不断

变化的需求，"放弃"旧的做事方式，用新的方式思考、看待事物。

比如，一个能设身处地替他人着想的人，能够从思考自己的角度，转换到思考他人的角度。一个能看到事情的两面的人，能够从只看事情好的一面，转换到还能看到事情坏的一面。

灵活的思维在各类学习中也起着关键作用。思维灵活的孩子能更好地适应新变化和新信息，灵活地解决问题，就算失败也能不断提出新方法。

相反，认知不灵活的孩子，习惯用具体、僵化的方式思考问题。他们很难从旧思想中"换挡"，比如坚持用"狗刨式"游泳，认为自己学不会其他泳姿；遇到不会做的数学题，不知道向家人、同学或者老师求助，只会自己跟自己着急。

> 思维僵化的弊端之一，是除了一些基本的做事方式，难以创新或打破常规。

如果不能提高认知灵活性，随着年龄的增长，孩子会越来越难以承担新工作，甚至无法很好地适应未来世界。

不过，你也不用过度担心，随着孩子大脑的不断发展，认知不灵活的现象可能会减少。而且，就像我们可以去健身房运动，锻炼我们身体的灵活性一样，我们也可以锻炼大脑的认知灵活性，更好地解决生活中的新问题。

具体怎么做呢？

——● 教给孩子自我谈话的技巧

思维固化的孩子有一个共同的特点，那就是对问题的反馈不足。看到问题之后，他们会直接套答案，而不会进一步思考。

想要提升孩子对问题的反馈能力，一个有用的技巧是教会孩子自我谈话的技巧，把思维步骤说出来。

> **语言可以让思维显形。把思维步骤说出来可以提升孩子对问题的反馈能力。**

我讲元认知的时候说过，若想提升孩子对自我的反思能力，要鼓励孩子把思维过程说出来。当需要解决一个问题，特别是难题，比如逻辑题、思考题的时候，不要觉得孩子的思路古怪，也不用担心孩子会变成话痨，而要鼓励孩子把思维过程大声地、清晰地说出来。

我来举一个让孩子进行自我谈话的例子。比如小贝在做一道他从来没接触过的数学题，他一开始不会做，着急地喊："这道题太难了，我肯定做不出来！"这时候小贝爸爸知道孩子被新题目"唬"住了，于是先引导孩子陈述一下问题："别担心，你先告诉我，你觉得这道题难在哪里？"小贝说："我没见过这种题目，不知道从哪里下手。"

小贝爸爸继续引导："那你想想，如果遇到实在做不出来的难题，你可以怎么办啊？"小贝说："我可以找别人帮忙。爸爸你数学好，帮帮我吧！"

小贝爸爸安慰了一下他，说："我看看啊，这确实是新题型，你之前没见过，是不好做。"

等小贝平静下来，小贝爸爸继续说："不过，你仔细看看，这道题是不是跟你之前做过的另一道题很类似啊？你之前是怎么解决的？"

在爸爸的引导下，小贝把之前做题的思路一步步说了出来，混乱的思维慢慢变得有逻辑起来。

小贝爸爸继续说："你回答得很好，不过这道题跟之前的那道题还是有不一样的地方。你觉得有什么地方是你之前不需要考虑，但是现在要考虑的？"

爸爸的做法，是在引导小贝找到问题之间的共性，找到基本的解决方案的同时，也引导他看清楚不同问题之间的特异性，再根据特异性调整答案，解决方案自然就出来了。

──● 教孩子用不同的方法做同一件事情

一些思维比较固化的孩子很难理解可以用不同的方法来处理同一件事情这个道理。怎么让他们理解呢？

一个简单的方法是做游戏。不过，这次要改变游戏规则。比如，以前玩老鹰抓小鸡，现在反过来，玩小鸡抓老鹰；以前玩剪刀石头布赢的人得奖励，现在赢的人受惩罚；以前玩滑梯，是滑下来，现在试着顺着滑道爬上去（要注意安全）。

我一般还会玩得更难一点，先按照正常规则跟孩子玩，然后当我说"变！"的时候，孩子知道规则变了，要立刻用新规则玩游戏。总之，通过这些新的玩法让孩子练习如何灵活地适应规则。

不只是游戏，在日常生活中，你也可以教会孩子这一点。很多孩子会按照特定的习惯做一些事情，比如吃饭的时候，一定要先咬一口肉，再吃一口菜，然后喝一口汤，不可以打乱顺序。你可以给孩子做示范，让他一点一点接受不同的吃法。或者，偶尔打破平时吃饭的规则，告诉孩子："我们今天都不许用筷子吃饭，你觉得我们还可以怎么来吃饭？"

给孩子切水果的时候，今天切成块，明天切成片，后天切成小兔子的形状，告诉孩子："苹果的味道是一样的，可是它可以切成块状的，可以是片状的，也可以是小兔子形状的。"带孩子上学的时候，除了常规路线，偶尔可以带他走走新路线。记得告诉他："虽然学校的位置不变，但是上学的路可以不一样，条条大路通罗马，就是这个道理。"孩子大一些了，你甚至可以让他带着你，开发新路线。

家里面的环境，每天的活动，也可以偶尔换一换，改一改顺序。总之，在日常生活中，你都可以时不时来一点儿小变化。

> 让孩子知道事情不一定只有一个答案，他可以有不同的选择。

──● 鼓励孩子尝试各种新事物

除了改变旧规则，你也可以适当给孩子引入一些新事物。

　　一些研究发现了一个奇怪的规律，那些双语宝宝，比如既说中文又说英文的宝宝，他们的认知灵活性比只会一种语言的宝宝要好。这是为什么呢？因为双语宝宝已经习惯了面对不同的人，根据不同的情景，在不同的语言之间做切换。这种切换练习无形之中帮助了认知灵活性的发展。

　　当然，我的意思不是说你一定要让孩子学习外语，而是说要尽量在孩子小时候带他接触新的、多元的事物，比如尝试各种各样的食物；学习新的技能，像乐器、舞蹈、新的语言；接触新的文化和思想。这些新刺激，一来可以减少孩子对陌生事物的恐惧；二来可以让孩子练习如何面对不同的事物，在不同的情况下做切换。

Dr. 魏的小叨叨

　　认知灵活性是很重要的认知能力。认知不灵活的孩子，遇到困难时不善于寻找其他解决方案，无法适应变化。提高孩子认知灵活性的方法是鼓励他多进行自我谈话。当孩子把想法大声说出来时，他的思维会更有条理。这个过程中，家长要当孩子的帮手，引导他找到问题之间的共性和区别，帮助他解决问题。在生活和游戏中，你也可以教孩子用不同的方法做同一件事情。此外，给孩子引入新的事物，让孩子的心态更加开放、灵活。

育儿魏来答

Q1：孩子社交被拒绝了，怎么办？

家长：我女儿4岁了，在公园玩时经常会遇到一些孩子不愿意一起玩，或者直接说难听的话，比如"我不想和你玩""我不喜欢你"，这个时候我女儿就会羞愤。遇到这种情况我该怎么做呢？

Dr. 魏：学习如何应对被拒绝，是孩子社交生活中的一课。我们不可能事事如意，被拒绝也是很正常的事情。4岁多的孩子还不懂什么叫"委婉"，说话比较直接。这里我给你两点建议。

一是在事情发生时，观察女儿的反应。如果女儿还比较冷静，那么不妨再等等，看她是否能够自己应对；如果女儿情绪比较激动，那么先带她到旁边，安抚一下。还记得情绪调节的三个步骤吗？描述情绪、分析情绪和反思情绪。现在女儿内心是什么情绪小人最激动？为什么？怎么办？在分析情绪时，你的主要工作是帮助孩子做翻译，翻译其他小朋友的话。比如，小朋友说"我不想和你玩"，可能只是暂时不想跟女儿玩，因为自己玩得正开心，不想被干扰，那么就可以询问能否等一下来玩；小朋友说"我不喜欢你"，不是不喜欢女儿这个人，而是不喜欢她的某种行为，你可以给她翻译出来。影响我们情绪的往往不是事件本身，而是我们对于事件的解读。接着，鼓励女儿去询问、验证你的分析，在尝试中更新迭代社交能力。

二是在家里的时候，你可以跟女儿进行情景模拟，在安全的环境中，探索和学习各种应对被拒绝的方法。

Q2：如何让胆小的孩子更勇敢？

家长：我是个奶爸，孩子 2 岁半了，我发现他比较胆小，尤其是见到陌生人和在陌生环境里的时候。我家买了个滑梯，别的小朋友玩得很开心，但是他就是不敢玩，眼看他快上滑梯了，最终还是放弃了，不知道这种情况正常吗？如何让他克服这种胆小的心理呢？

Dr. 魏：买个滑梯邀请小朋友来家里玩，好办法！每个孩子的风险意识都不一样，有的孩子心比较大，有的则谨慎、慢热。你有一点做得很好，就是邀请其他小朋友来家里玩。一方面家是你的孩子熟悉的环境，更加有安全感；另一方面，孩子能够观察其他小朋友，降低自己的恐惧感。我再给你两点建议。

第一，关注孩子努力的过程，而非结果。这有助于培养孩子的成长型心智，让他更加愿意面对挑战。他快上滑梯了，这就是一种进步。发现这一点并及时分享给孩子，会让他更加有自信！你不妨进一步拆解孩子的进步：踏上了滑梯、走到了中间、坐在最高处、尝试滑下来……这样，你每次都能够看到孩子的进步，而非对孩子不敢滑滑梯表示担忧。

第二，给孩子一个"同伴"。比如他喜欢的玩具小车、毛绒小熊，他可以把滑梯当成山坡，让小车滑下来；或者帮助小熊滑滑梯。帮助孩子从关注自己害怕，变成关注如何帮助"同伴"玩，在这个过程中熟悉滑梯，降低对高处的恐惧。

Q3：孩子无理取闹怎么办？

家长：我儿子 2 岁多，最近在很多事情上特别在意，比如彩笔涂到了圆圈外，他会要求把画出来的部分还回去；喝水时洒出杯子一点，他会要求把水还回去；饼干上有裂纹，他会要求把裂纹补上，等等。他的这些要求当然都是不可能实现的，于是他就大哭大闹。我在这些事情上从来没有给过他任何压力，不知道他为什么反应如此激烈。他的这些想法和行为算不算强迫症呢？

Dr. 魏：很多孩子会经历这个阶段，这不是无理取闹，而是他的认知发展了，意识到事物的完整性，但是又没有"木已成舟""覆水难收"这种不可逆的概念。这就跟孩子小时候一遍一遍扔东西来认识重力、玩躲猫猫来认识客体恒常性是一样的道理。我在这里说的"客体恒常性"，指的是东西不见了，我们仍然知道这个东西是存在的；但多数宝宝 6 个月前没有这个概念，以为东西不见了就是消失了。

所以，请放轻松，再给孩子一些时间，等他的认知水平到了，知道"覆水难收""破镜难圆"的概念，就不会这样"无理取闹"了。

现在，你可以做的是，孩子如果哭闹，那就接纳他的情绪，告诉他："水洒了你很难过，但妈妈也没有办法把它收回来。你想哭就哭吧，哭出来舒服点。"等孩子冷静些，理智脑恢复正常，再跟他讲道理。

我跟大家分享一个有趣的事情，美国有位幽默的爸爸开了一个人网站，叫"Reasons My Son Is Crying"，分享了儿子各种有理无理的哭闹照片，引起了广大父母的共鸣，这些照片让父母们意识到有理无理的哭闹是孩子的共性，从而缓解了焦虑。

第 3 部分　情绪脑

★ 安全感 ★

敏锐感知孩子需求，并
给予及时恰当的响应

★ 韧性 ★

建立牢固的支持关系，
提供稳定的环境，发展
强大的自律和执行能力

★ 心理理论能力 ★

说谎标志孩子读心能力
提升；家庭谈话、正面
解决问题，应对孩子说
谎问题

★ 认知灵活性 ★

自我谈话，用语言让思维
显形；用不同方法做同一
件事；尝试新事物

第 **4** 部分
运动脑

运动有利大脑健康

　　我是研究人脑是怎么控制运动的，深知运动对大脑发育有很多意想不到的好处。很多家长不喜欢小孩子打打闹闹，总是说"别闹了别闹了"，但可别小看这种普通的打闹游戏，它对孩子的身体控制、情绪能力、社交能力的发展都大有帮助。孩子三四岁以后，可以让他参加一些规则简单、多人参与的团体运动，不仅可以锻炼孩子的心智能力，还能培养孩子的合作和分享能力。

　　如果孩子特别好动，家长可能就会担心是不是得了多动症，这是一个常见误区。真正的多动症是一种大脑障碍，需要专业医生的判断，不要随便给孩子贴标签。而缓解多动症症状的好方法是体育锻炼。

　　另一个误区是认为孩子胖乎乎的才好，导致我们身边的"小胖子"越来越多。其实肥胖不仅影响孩子的身体健康，还影响孩子的心理健康和认知能力发展，家长应该让孩子"管住嘴，迈开腿"，保持健康的体重。

|1| 如何解决小胖子的大麻烦

──● 保证孩子饮食健康很重要

现在网络上流行各种各样的瘦身方法，基本上会涉及两方面：运动和饮食。我自己也很爱健身，经常到健身房打卡，适量运动确实对身体的各项机能有好处。

除了运动外，饮食健康不仅对大人瘦身有帮助，对孩子更重要。有一次我送女儿上学，在路上看到一个小孩子，大概一米三四的个头，胳膊肉乎乎的，像莲藕一样，一节一节的。这孩子胖，由于体重的关系，走路都有些吃力，摇摇晃晃的。他妈妈在前面走，他在后面气喘吁吁地跟着。

如果注意观察，你会发现现在身边这样的小胖子越来越多。研究数据也支持这一点。国新办的新闻发言人说，从 2002 年到 2015 年，短短的 13 年时间，小胖子的数量翻了一番都不止。现在的孩子，6 个里面就有 1 个体重超标。

想知道你家孩子是不是偏胖了？可以根据下面的超重儿童判定数

据，对照一下。根据 2013 年国家卫生行业标准，1 岁男孩超过 12 公斤，女孩超过 11.5 公斤就是超重；2 岁男孩超过 15.3 公斤，女孩超过 14.8 公斤；3 岁男孩超过 18.3 公斤，女孩超过 18.1 公斤；4 岁男孩超过 21.2 公斤，女孩超过 21.5 公斤；5 岁男孩超过 24.2 公斤，女孩超过 24.9 公斤，这些都是超重了。

老一辈人总喜欢"胖乎乎"的孩子，加上饮食不均衡，运动量不够，这些对小胖子数量的增长都有一定的推波助澜作用。千万别再以孩子胖为美了。你肯定知道，体重超标会影响孩子的身体健康，比如像我前面见到的小孩，他走路稍快一点儿就呼吸困难。还有，胖孩子的骨折风险也高，甚至有心血管疾病的早期征兆。更可怕的是，小时候胖的孩子，长大后胖的概率更大。如果孩子上小学的时候胖，有 50% 的可能性在长大之后还是胖。

——● 胖，不仅影响身体健康，还影响心理健康和认知发展

> 肥胖的危害远不止身体健康方面，还会影响孩子的心理健康和认知发展。

这些可能是你平时没注意到的大麻烦。

你可以回忆一下，以前上学的时候，班上有没有绰号叫"小胖"或"肥仔"的同学？大家有没有拿体重的问题当面跟他开玩笑？比如"你这个胖子，能不能快点？"研究者们调查过一些肥胖的孩子，其

中 20% 被嘲笑过。因为胖，这些孩子被取笑的频率是其他体重正常孩子的 3 倍多。

除了可能被同学嘲笑，肥胖的孩子还可能受到家人和周围其他人的歧视。比如爸爸妈妈可能会不经意地说："整天就知道吃。"出门在外被人多看几眼，更是司空见惯的事。偏胖的孩子，焦虑程度更高。

由于外在环境不友好，肥胖的孩子日常生活也会受到影响。他们可能不爱出去买衣服，不爱跟同学们一起去郊游，不爱出去吃饭，发展社会能力的机会也少。有调查显示，就算是 3 ~ 5 岁的胖孩子，朋友也比其他孩子要少。

> **肥胖对孩子心理健康层面的影响很大，会造成孩子焦虑、低自尊。**

在一个针对 10 岁孩子的研究里，研究者发现，体重过高的孩子容易低自尊。他们认为，运动量少、习惯久坐不动、饮食搭配不健康和体重过重，都是造成孩子低自尊的因素。

此外，肥胖对孩子的认知发展也有影响。

其实，在各个年龄段里，肥胖与认知能力差之间都有关系，比如执行功能、记忆力、语言、运动能力和注意力。科学家们试图解释其中的原因，有人认为，超重是由大脑神经回路的缺陷引起的，如果一个人的大脑中与冲动或者成瘾有关的神经中枢控制不良，就会导致他不能控制对食物的摄入，容易暴饮暴食，造成超重。还有人认为，超重会损害大脑，比如超重引起炎症，引起血管变化，引发大脑白质变化，都可能损害一些认知相关脑区的功能。

2013 年，墨西哥的一组研究人员做了一个实验，研究对象是 33 个孩子，这些孩子都在 6 到 8 岁之间，其中 18 个体重正常的孩子被分为一组，15 个体重超标的孩子被分为一组。顺便说一下，墨西哥是全世界肥胖率最高的国家，26% 的孩子体重超标。

研究人员发现，胖的那组孩子在神经心理学评估中表现出的执行认知能力较弱，比如，语言流利程度差一些。此外，经过大脑扫描发现，他们在大脑结构上与正常体重的孩子也存在差异，比如，左侧海马体体积变小（海马体与学习和记忆相关）；左侧小脑的白质体积更大（小脑与运动及平衡能力相关）；中后部胼胝体白质体积更大（胼胝体负责将左右两个大脑半球连接起来）。

你看，体重过重的确会影响大脑结构以及与执行认知功能相关的神经回路，小胖子们的认知能力低，可能与这个有关。

总的来看，现在大家都意识到了"胖"对孩子的身体健康不好，但对于心理健康和认知发展受到的影响，还不够重视。

——● 小胖子该怎么"减肥"？

我说了这么多肥胖的负面影响，你可能想说，知道胖不好，问题是怎么减下来呢？要想知道怎么减，那就得先找找胖的原因。

首先我要说的是，肥胖主要是吃出来的。以前人们认为，胖子越来越多，与现代化的生活方式有关，比如现在上楼是乘电梯，出门坐汽车，人们的体力劳动减少，所以能量消耗变少了。但有研究者发现，就算在传统的狩猎采集社会，部落成员每天从事大量艰苦的体力劳动，他们消耗的能量与今天整天待在办公室的人也没什么不同。当人们摄入的能量高于消耗掉的能量时，体重就会增加。既然在人类历史上，每天的能量消耗从未发生改变，那么当代肥胖症盛行的主要原因就是饮食了。

饮食让现代人发胖，可以从环境和个体两个角度来看。

先说环境。想象一下，3 万年前，人类可能奔波一整天也打不到一头猎物，只能靠采集果子或挖植物的根来吃，以获得热量。而现在呢？高热量的包装食品越来越多，很容易买到。而且不健康的食物成本低，还更便宜。一些食品厂商在普通食品里加一些糖，加一些香精，就取名叫儿童食品，让很多父母上当，以为真是适合孩子的。我要特别提醒你，在给孩子买包装食品的时候，要注意看外包装上的成分表，避开高脂肪高钠食品，钠摄入过多对孩子的身体也有害。

为什么我们这么喜欢含糖和脂肪多的高热量食物呢？这得从人类的演化过程说起。在过去的大部分时间里，含糖或脂肪特别多的食物很难得，如果遇到，就会使劲地吃。等到食物一碰到舌尖，味蕾就向大脑的多个区域发送信号，大脑开始释放多巴胺，多巴胺能让人产生强烈的愉悦感——让人越吃越开心。所以，孩子有时候说"饿"不是真的肚子饿，而是精神上渴望吃东西，这与大脑的奖赏回路有关。孩子缺乏自控力，如果他一喊饿你就给他吃东西，那他就很容易吃到停不下来，结果就是长胖。

> 对糖和脂肪的偏爱写在了我们的基因里。有研究表明，只要看到想要的含糖和脂肪的食物，大脑就能激活奖赏回路。

我们分析了肥胖的原因后，再来看如何减肥就非常简单了。有人说减肥就得"管住嘴，迈开腿"，这很有道理。运动配合恰当的饮食，能够让孩子保持健康的体重。运动能提高心肺功能，提高免疫力，改善大脑功能，让孩子保持活力。而保持体重，要依靠控制饮食。具体怎么控制呢？爸爸妈妈能做到的很重要的一点是，根本不让不健康的食品在孩子眼前出现。不去售卖高糖高脂肪食品的餐厅，家里不买太多含糖含油的零食。参考健康饮食金字塔，适当往孩子的食谱里增加水果、蔬菜、豆类、杂粮和坚果。

希望我们的食品环境也能有所改善，减少加工食品中的脂肪、糖和盐的含量。限制营销高糖、高盐和高脂食品，特别是针对孩子的营销活动，更应该严格限制。

📄 Dr. 魏的小叨叨

> 除了前文说的这些，还有两点家长们不能忽视：一是孩子的肥胖也可能与家庭压力有关，二是睡眠不足会增加青少年肥胖的概率。所以家长要注意，一定要尽量给孩子安宁和谐的家庭环境，保证孩子有充足的睡眠时间。当然，这两个问题在成年人身上也很常见，工作压力大、熬夜加班的上班一族需要格外留心。

肥胖不仅影响孩子的身体健康，还影响孩子的心理健康和认知能力发展，胖孩子更容易焦虑和低自尊。他们的大脑结构与体重正常的孩子也有不同，肥胖、认知功能与孩子在学校的表现之间，都有着紧密的关系。

让孩子保持健康的体重，就要"管住嘴，迈开腿"，不过饮食和运动是不同的工具。运动能提高心肺功能，提高免疫力，改善大脑功能，让孩子保持活力。而保持体重，则要依靠控制饮食。

|2| 打打闹闹好处多

在非洲大草原上，两只小狮子在打架。小一点的狮子先把爪子伸出去，拍在大一点的狮子的背上；后者立刻转过身，对小一点的狮子龇着牙；小一点的狮子撒腿就跑，大一点的狮子追了几步又停下来，躺下晒太阳。

看到这里，你会不会以为走错场地，来到《动物世界》了？其实我想说的是，小动物和小孩都存在一种行为现象，叫打闹游戏（rough and tumble play）。你看看下面这个情景，是不是很熟悉？

在幼儿园的操场上，一群小朋友在疯跑。一个穿橙色衣服的小男孩揪住前面穿蓝色衣服的小朋友的衣领，前面的小朋友也转过来揪住他的衣领，两个人一起摔在了地上，哈哈大笑。

你看，无论是小动物，还是小孩，他们的打闹游戏有一些共同特征。比如，看上去有点儿粗暴，拉拉扯扯、摔摔打打的，但大家都自愿参与，玩得还很开心，打闹过程中的情绪是积极的。

也许你心里想，不就是小孩子瞎胡闹嘛，多危险，这有什么好讲的？我想说的是，千万不要小看打闹游戏，它的好处非常多。而且，我还要建议所有的爸爸妈妈多跟孩子玩打闹游戏。为什么呢？

——● 打打闹闹有什么用？

有科学家研究了打闹游戏对小白鼠大脑的影响，他们让一组幼鼠尽情打闹玩耍，30 分钟后，解剖幼鼠的大脑，发现幼鼠杏仁体和背外侧额叶的脑源性神经营养因子表达显著升高。这个实验的结果显示，打闹游戏可能有利于与社会情绪有关的脑区的发展。

脑源性神经营养因子又叫作"大脑肥料"，是神经元生长与存活所必需的一种蛋白质，可以帮助神经元形成新的连接，修复坏的脑细胞，保护健康的脑细胞。

要是我问你，你觉得打闹游戏有什么好处，你的第一反应可能是，对身体有好处。没错，孩子在追逐、嬉闹、扭打中，能发现自己身体的力量，学会控制自己的肌肉运动，让动作更协调、灵活。动物幼崽们通过打闹游戏，可以练习捕猎和应对攻击的技能。你的孩子不需要捕猎，但如果经常参加打闹游戏，体力和耐力能得到锻炼，对体育活动也会更感兴趣。

那么，打打闹闹跟孩子的社会情绪发展又有什么关系呢？想一想我前文说的那两个幼儿园小朋友揪衣领摔倒的场景，你就明白了。

当蓝色衣服小朋友的衣领被后面的人抓住时，他需要迅速判断这是恶意的还是友善的，然后进行下一步处理。如果是恶意的，他可能要反击，或者逃跑；如果是友善的，他可以用类似的方法跟对方玩耍。他该怎么判断呢？人类可以通过多种途径表达情绪，他会看对方的表情和眼神，感受对方的力度大小，听对方的声音腔调……在一瞬间综合处理这些信息。这里，蓝色衣服小朋友需要很强的识别情绪信号的能力。

当他判断出橙色衣服小朋友是友善打闹的时候，就要用相应的方式去玩耍。他也要通过表情、动作、声音等表达自己愿意玩耍的倾向。这时候他就要用上自己的情绪信号表达能力了。

除了情绪的解码和编码，在打闹游戏中，孩子们还要练习社会规则，比如轮流。如果一个人一直追，另一个人一直跑，或者一个人一直当小偷，另一个人总是当警察，这个游戏玩不了多久。

> **在充满积极情绪的打闹游戏中，孩子们会自发地交换角色，合作互动。**

当然，在这个过程中，孩子们要尝试不同的社交策略，并学习应对新情况，锻炼解决社交问题的能力。

如果孩子完全不打闹，会怎么样呢？科学家不能真的拿孩子来做实验，所以观察了动物的表现。他们发现，如果一个动物小时候完全被剥夺进行打闹游戏的机会，当它长大之后，遇到攻击的时候就不知道如何保护自己，而没有威胁的时候它又反应过激。这意味着，它完全没为成年时的竞争做好准备。

所以，动物幼崽和人类孩子都天生会玩打闹游戏，这并不是偶然现象，而是一种生物本能。数据显示，一般来说，学龄前孩子的打闹游戏占总游戏行为的 3% ～ 5%；在 7 ～ 11 岁达到最高峰，打闹游戏占休闲活动的 10%；再长大些打闹游戏会慢慢减少。

那么，家长在孩子的打闹游戏中有什么作用呢？你要知道，家长的作用并不是监督者和评判者，总是说"别闹了，别闹了"。家长首先要跟孩子"打"起来。

——● 带孩子打闹

科学家相信，打闹游戏是孩子学习社会经验的重要来源。在 3 岁时与父亲有更多游戏互动的孩子，在 5 岁时与同龄小伙伴的交往更积极。孩子出生以后，跟爸爸妈妈之间有不少比较激烈的身体游戏，比如爸爸把宝宝抛至空中，假装要摔下来，然后又接住宝宝；宝宝坐在妈妈的腿上，妈妈颠动双膝让宝宝"骑马"。这些可以看作是打闹游戏的初级阶段。

通常，孩子跟父母之间的身体对抗游戏，在孩子 4 岁左右达到高峰，占到亲子互动活动的 8%。孩子在跟父母打闹的过程中学到的社会技能，对他跟同伴的打闹游戏会有影响。

> 打闹游戏除了帮助孩子练习情绪解码、编码，锻炼体能之外，还可以帮助孩子锻炼更高阶的社会能力和品格，比如竞争技能。

竞争技能不仅包括体力上的对抗技能，还包括自我保护意识、面对逆境和威胁的稳定心理、必要时为了争取权利而与他人对抗的意识，等等。

打打闹闹没有定式，只要你和孩子玩得开心就好。

虽然不需要介绍打闹游戏的玩法，但是有几点需要提醒家长。

第一，注意安全。一个是物理上的环境安全，这个不用我多说。另一个是孩子心理上的安全感。当父母和孩子之间建立亲密关系之后，打闹游戏更能发挥积极作用。

第二，如果爸爸妈妈对孩子的情绪不敏感，全程控制着游戏，孩子可能会有被强迫的感觉，生气不玩了。你要适当地让一让，跟孩子轮流占主导地位。这其实是打闹游戏的一个基本规则。观察孩子们的游戏你会发现，即使是大个子的孩子，也会假装摔倒在地，也会跟小个子孩子轮流你追我赶，他们"支配"和"从属"的角色会互换。

第三，打闹游戏是双方自愿的。如果孩子不愿意继续打闹，你要适时停止。不过，有时候你很难区分孩子的信号，比如他笑着说"别闹，别闹"，你可能认为他还在游戏状态，实际上他已经不想玩了。你们可以提前设定"停止"信号，比如一个人说"苹果"，其他人就不要再闹他。不要用"不要"或"停止"等词作为"停止"信号，因为这些词是游戏过程中自然会出现的，容易被忽视。

📄 Dr. 魏的小叨叨

总的来说，孩子小时候，你跟他的亲子游戏会影响到以后他的同伴游戏。比如你在游戏过程中使用大量指令性的语言，使用强迫的方法，孩子将来跟小伙伴玩的时候也会这样。所以，你希望孩子将来如何处理社交情境，就用相同的方式跟他玩吧。打闹游戏对孩子的情绪能力发展有帮助，家长也需要参与其中。我相信，这会让我们做父母的在看待孩子之间的打闹时有一个新的视角。

|3| 孩子参加团体运动该注意什么？

我是研究人脑是怎么控制运动的，我自己也非常喜欢运动，曾有朋友问我："我儿子快 4 岁了，该不该给他报个足球班？一来可以增强运动量，二来可以锻炼孩子的竞争意识。"

现在市面上有很多运动兴趣班，比如足球班、舞蹈班、游泳班等。有的运动班挺好的，给孩子创造了接触各类运动和融入团体的机会。不过，给孩子报班之前，有几点我要提醒大家。

●3 岁以下的孩子不适合团体运动

对于大部分 3 岁以下的孩子来说，他们的身体还不适合参加团体运动。团体运动是指一些规则简单、多人一起参与的运动游戏，比如踢足球、打篮球等。

一般来说，孩子在三四岁之后，再参加团体运动比较合适。因为这个时候孩子的运动系统才有很大的发展，不仅肌肉骨骼更好，身体的协调能力和平衡能力也更好，能更好地控制自己的身体。从大脑控制运动的角度来说，就是达到了所谓的"自动化"阶段，也就是说运动起来不需要大脑刻意地去控制身体运动的细节，完全可以自动化完成动作的协调。这个时候，孩子的大脑才有更多的认知资源去和团体运动中的其他人协调。就像打篮球一样，一个好的后卫，只有自己运球时毫不费力，不需要眼睛盯着自己的手和球来控制拍球，才会有认知资源去看队友和对手是如何跑位的。

●不要带着"赢"的目的去运动

如果孩子的身体运动控制达标了，我们就可以让孩子在团体运动中锻炼他的心智能力了。因为，真正能享受团体运动，需要孩子的心智能力达到一定的标准。怎么判断呢？一个指标是看孩子是不是可以站在他人的角度看问题。这样在竞争关系中，他才既能努力取胜，又能欣赏对手的努力和成果，他不是带着"赢"的目的去运动，而是带着"做到最好的自己"的信念去运动。

"不要让孩子带着'赢'的目的去运动"，听上去我是在讲大道理，你可能想说，体育运动的本质就是竞争，我们难免会有胜负心。的确，追求赢可以让运动员，包括我们的孩子，更加专注，很多孩子也以赢对手为乐趣。我们当然不能直接给孩子灌输大道理，跟他说"你不要去追求输赢"，这是不现实的。但是，我们需要教给孩子胜不骄、败不馁的精神。每次比赛胜负已定后，就是父母的高光时刻。输了，要给孩子安慰，告诉他继续努力，好好练就能获取胜利。赢了，提醒他这是你刻苦训练的结果，但是如果你骄傲懈怠的话，下回你的对手可能会取代你。此外，教会孩子大度地安慰、鼓励他的对手，这才是运动员精神，因为运动场上的每一个人都会经历输赢。

只有这样不断教育，才会让孩子享受赢的感觉，同时也知道，输，并不可怕。

> 团体运动不像一个单纯的一次定输赢的竞技场，而更像是大家投入的游戏场，重要的是大家一起游戏的过程。

你有没有发现，这也应该是我们对待人生中输赢的态度。体育场，是最好的教育孩子人生态度和思维方式的课堂之一。

──● 分年龄、分能力来看待竞争活动

不过，对那些低龄的、心智还不成熟的孩子而言，他无法站在别人的角度看问题，对输赢的认识往往会不充分。一些研究指出，让心智不成熟的孩子之间产生竞争性比较，对孩子有害无益，不仅伤害自尊，还会降低他们的认知能力和创造性。

所以，一些比较好的运动班或者幼儿园，老师会根据每个学生的年龄和能力来特别设计活动。对于年龄较小、心智还不成熟的孩子，老师会鼓励他们体会自己在团队中发挥的独特作用，重在强调教育意义而不是竞争关系。虽然也会让孩子们像运动员一样穿上专业运动服，听从教练指挥，但训练内容是比较"温和"的，比如训练孩子去追球，在球场上自由奔跑、跳跃或者追逐小伙伴。

当然，随着孩子年龄和能力的增长，老师会逐渐增强运动场上的竞争性，这时候，我前面说的一定要不断灌输胜不骄、败不馁的重要性就开始凸显了。

——● 不要带着功利心让孩子参与运动

给孩子报运动班的另外一个前提是，他不是被强迫的，而是自己喜欢运动。我叨叨过多次了，6岁以下的孩子要以兴趣学习为主。

> 孩子的心态要纠正，家长的心态也很重要。不要带着功利心让孩子参与运动。

如果孩子喜欢某项运动，你可以给他报相应的运动班，不过，你的心态要摆正。报运动班的重点是孩子获得乐趣，而不是考查他有没有竞争力，不能把成年人的功利心带入他的训练中，只去关注他"参加了几场比赛，赢了多少场"。成年人的功利心可能会导致孩子只关注输赢，从而失去了享受运动本身的能力。

——● 运动种类要均衡

对低龄的孩子，我希望你挑选的运动种类可以多一些，保证种类均衡。比如有耐力类的，像跑步、骑车等，也有力量型的，比如短跑、跳绳等，还有技巧性的、比如拍球、跳舞等。因为对于低龄的孩子来说，大脑控制运动的能力还比较差，需要全面锻炼。

孩子年龄大一点以后，可以进行一些专项运动。体育运动和学习乐器、棋牌一样，如果要达到高水平，都需要大量的时间投入。因此，选择孩子感兴趣的项目是必要的，这可以让孩子更聚焦，更可能到达高水平。注意，和我前面提到的一样，选什么运动，需要孩子自己有兴趣，家长不应该过于功利。

●团体运动促进合作和分享：同步运动的启示

很多团体运动都会让孩子之间进行直接的竞争，那为什么说团体运动可以促进合作和分享呢？除了队友之间有合作和分享之外，还有其他的原因，其中之一就是所谓的同步运动。

> 竞争实际上是以自我为导向的，强调的是"我的胜利就是一切"，合作则是强调"我愿意跟大家一起努力，实现共同目标"。

以前的研究认为，孩子要到 6 岁的时候才能理解合作的意义。新的研究则认为，一些简单的团体活动可以加强 4 岁儿童之间的合作。美国华盛顿大学的学习与脑科学研究所（I-LABS）发现，仅仅是让两个孩子荡秋千的时候摇摆的频率保持一致，他们在之后的活动中都能比摇摆频率不一致的孩子们表现得更加合作，更愿意分享。其实，人在一起做运动的时候，经常会自主或不自主地把自己的动作和伙伴的动作同步起来。比如，两个人一起跑步的时候，他们的步伐会慢慢同步起来。华盛顿大学的研究则进一步表明，这种同步运动会让人更容易合作和分享。

为什么呢？对于孩子来说，那种跟小伙伴同步运动的感觉，可能会造成一种互相喜欢的"错觉"，这种效应会鼓励孩子们之后进行更多交流，并且更愿意一起努力。

所以，让孩子多进行团体运动，也是对他们的社交能力，特别是合作和分享能力的一种培养。你可以通过音乐、舞蹈或者游戏，给孩子多多制造这种"同步运动"的机会。比如，让女孩子一起跳橡皮筋，男孩子一起合作运球、跳绳等。

——● 婴儿游泳有必要吗？

婴儿游泳很火，市场上有各种婴儿游泳机构，价格不菲。商家宣传婴儿游泳有提高平衡感、促进左右脑开发等神奇作用，是真的吗？如果不去游泳，在家多趴多爬多运动，是不是也可以达到游泳带来的效果呢？很多家长都有这样的困惑。因为婴儿游泳太火，别人家的小朋友都去游，自己不带孩子去的话总感觉就是让孩子输在了起跑线上。

每次看到商家宣传什么东西有神奇效果时，我也想去游个泳，不是为了促进左右脑开发，而是想冷静一下。游泳确实对宝宝有好处，但并不像商家宣传的那么玄乎。2010 年，挪威科技大学的一项研究发现，2~3 个月的宝宝参加每周两个小时的游泳课，持续练习 5 个月，可以有效地提高他们的平衡能力和手眼协调能力，这种优势到宝宝 5 岁的时候还存在。

但是，你到国内的很多婴儿游泳馆看看，基本都是个小池子，宝宝脖子上套个小圈，在水里晃来晃去。这个小圈叫作脖圈。很多儿科医生认为这个脖圈对宝宝危害很大，比如可能导致脊椎受伤、皮肤过敏。而在一些发达国家，婴儿游泳是需要经过严格训练的专业教练、父母陪伴进行的，教练、父母和宝宝一起游，宝宝不戴脖圈，真正和水进行亲密的接触。另外，婴儿游泳还需要注意水温和水质等问题。

所以，与其让宝宝戴着脖圈在水里面无表情地漂着，不如洗澡时让宝宝多玩玩水。至于平衡感、手眼协调能力，多趴多爬多运动同样有效果。

Dr. 魏的小叨叨

通过聊要不要给孩子报运动兴趣班这个话题，我列举了一系列团体运动的注意事项，我来总结一下。孩子适不适合参与团体运动，需要看孩子的身体运动控制是不是达标了，一般三四岁之后开始参与比较好。不要强调运动中的输赢，而是要培养孩子胜不骄、败不馁的精神——比赛完成后，要注意给孩子传递这样的教育。报什么样的团体运动一定要参考孩子自己的兴趣，对于低龄孩子，要注意运动种类的均衡，孩子长大后再慢慢聚焦到专项运动。因为大脑喜欢同步运动，一些团体运动可以培养孩子的合作和分享能力。婴儿游泳市场火爆，但国内婴儿游泳机构质量参差不齐。婴儿游泳确实有好处，但也不像商家宣传的那么神乎其神。相反，操作不当还可能给孩子带来伤害。家长不必跟风，通过多趴多爬多运动，一样可以锻炼孩子的平衡感和手眼协调能力。

👁 行为观察 × 脑力训练

（适合 4~5 岁的孩子）

行为观察

请孩子立正站好，当你说 1 的时候，他要把右脚往右边踢，右手往右边伸直；当你说 2 的时候，他要把左脚往左边踢，左手往左边伸直。看看孩子能不能连续做对。你可以先给孩子做示范。

脑力小游戏——空中飞舞

孩子喜欢蹦蹦跳跳？这个游戏一定能满足他！找一个安全的地方，跟孩子约定好规则：跳起来，并且在空中做个动作。从简单的动作开始，比如在空中双脚碰一下，或者在空中将双腿用力向两侧打开。然后增加难度：在空中交替迈步 1 次。你可以和孩子一起发挥想象力，创造更多的空中动作。用相机连拍功能拍下孩子在跳跃过程中的表现，和他一起分享吧。

　　这个游戏不仅能够锻炼孩子的爆发力，还可以锻炼孩子的动态平衡能力。起跳的动作以及跳的高度或距离最能体现爆发力的强弱。孩子在蹦跳的过程中，身体原有平衡不断被打破，需要不断地调整自己的姿势来维持新的平衡。

想要尝试更多行为观察和脑力训练小游戏？请下载"未来脑计划App"，成为脑计划 VIP。

|4| 多动不是多动症，多动更要多运动

曾有一位小学老师问我，如何教育有多动症的孩子？孩子已经去医院接受治疗，但在学校里，作为班主任，她应该如何帮助这个孩子？

相信"多动症"这个词你也听说过。有一次我去超市买东西，看到一个奶奶带着三四岁的孩子。孩子东摸摸西摸摸，跑来跑去，一刻也不停。旁边的大妈看着孩子奶奶，同情地说："你这孩子真不好带啊，跟有多动症似的。"孩子奶奶应和："幼儿园老师也说，他一点儿都坐不住，安静不下来，建议我们去检查，看是不是多动症。"

孩子总爱动来动去，就是多动症吗？并不是。对于真正患有多动症的孩子，一定要训练他们"静"下来吗？也不是。下面来好好说说多动症这件事。

——● 多动不是多动症

人们常说的"多动症"，学名是"注意缺陷多动障碍"，英文是 attention deficit hyperactivity disorder，缩写为 ADHD。ADHD 有三种

类型，一种是多动为主型，主要表现就是人们常说的"坐不住""停不下来"，小动作不断；还有一种是注意力缺陷为主型，主要表现是注意力不集中，容易走神；最后一种是混合型，两种表现都有。

在临床上，男孩被诊断为 ADHD 的比例，比女孩高三倍，而且在世界各国都是如此。但在科学家的统计结果中，男孩女孩注意力出问题的比例是一样的。这是为什么呢？很简单，因为注意力有问题的男孩，更多表现为小动作不断，更容易被发现，自然也就更容易被送去诊断和治疗；而注意力不集中的女孩，很可能是在走神、做白日梦，不容易被发现。

多动症的诊断，依靠的是观察孩子的行为。小孩子好奇心强，天生爱探索，表现出来是在"多动"；有些幼儿园不了解孩子的发展特点，要求三四岁的孩子坐在小板凳上"听讲"，敲小黑板讲 1+1=2，念 a、o、e，孩子不感兴趣，不肯乖乖坐着，就会被怀疑有"多动症"。有些孩子只是调皮好动，就被贴上有"多动症"的标签，太冤枉了。

> 有学者指出，多动症有被过度诊断的趋势，不是孩子有问题，是大人和社会对孩子的期望过高。

如果老师或家长觉得孩子有"多动"的倾向，影响到他的学习和生活，比如相对于同龄人来说，孩子注意时间短、注意力容易分散、容易冲动失控、坐立不安，就要带孩子去正规的医院寻求专业诊断，不要自己下结论。

——● 多动症孩子的大脑

真正患有 ADHD 的孩子，不是故意跟父母和老师对着干，不是不听话，是他们的大脑功能出现了障碍。

研究者发现，患有 ADHD 的孩子的大脑，流向额叶和前额叶区域的血液明显减少，做行为控制任务时，大脑的前额叶和纹状体的激活不足。这些脑区与注意、工作记忆、反应抑制和规划相关，而这些功能是与儿童 ADHD 相关的核心认知缺陷。

你看，虽然孩子的外在表现可能是"过于活跃"，但他们大脑里的问题是该活跃的区域"不够活跃"，自我调节能力和反应抑制能力不足。美国研究 ADHD 的著名科学家巴克利有一个非常形象的比喻，他说，如果不能有效地抑制自己的行为反应，大脑就会像发了疯的钢琴师，胡乱演奏。

你想象一下，人脑在同一时刻会收到大量的信息刺激，对哪个刺激做出反应，对哪个刺激不做出反应，大脑应该做出判断、计划并执行。比如孩子们在听老师讲故事，这时窗外飞来一只小鸟，如果自控力好，孩子会看一下小鸟，然后继续听老师讲故事；如果自控力不好，孩子会立刻跑去抓小鸟，而不管什么故事了，要是抓小鸟的路上听到蛐蛐叫，他可能又去找蛐蛐在哪儿，只对新鲜刺激做出反应，注意力不持久。

脑源性神经营养因子也被确定是 ADHD 病因中的潜在因素，它与多巴胺能神经元的分化和存活有关，而多巴胺能神经元与冲动调控有关。

> 脑源性神经营养因子可能影响着与 ADHD 有关的
> 多巴胺能系统功能障碍。

ADHD 发生率比较高，在中国的数据是 5% 左右，每 20 个人里有一个。它对孩子的影响确实比较大，注意力不集中和好动，对学习的影响不言而喻；冲动失控，则影响孩子的社会交往。好消息是，多动症的孩子，通过治疗调整，症状可以改善，长大后同样会有优异表现。在北京奥运会上一口气拿 8 块金牌的美国游泳名将菲尔普斯，小时候就被确诊过患有 ADHD。对于患有 ADHD 的孩子，现在的常见治疗手段有行为矫正、药物治疗、心理治疗。我这里想特别告诉你的一种方法，无论在学校还是在家中都可以尝试，完全免费，那就是运动。

● 运动改善多动症症状

你可能有疑问，本来孩子就好动，还要让他多运动？你没听错，这是真的。

美国有一组研究者邀请 21 个确诊有 ADHD 的孩子做了一个实验，这些孩子年龄从 7 岁到 12 岁不等，其中 10 个孩子参加体育锻炼项目，另外 11 个孩子不参加。体育锻炼项目怎么进行呢？连续 10 个星期，每星期 3 天，在中午进行 45 分钟的锻炼，有专业人员带孩子们做准备、踢球、做操等，达到中高等运动强度。结果发现，锻炼组的孩子处理视觉和听觉信息的水平都更高，注意力不容易分散，持续时间长。而且，父母报告显示，锻炼组的孩子在行为表现上也有好转。

另一组研究者邀请参与实验的孩子年龄小一些，从 4 岁到 9 岁。这些孩子里有普通小孩，也有 ADHD 高风险的小孩。在 12 个星期里，孩子们每天上学的时候都参加一节特殊课堂，时间是半小时。但他们的特殊课堂内容不一样，有两种，一种是偏安静的艺术活动，比如剪纸、画画；另一种是偏活跃的体育活动，比如老鹰抓小鸡、丢沙包。结果，研究者发现，体育活动能减少孩子们的问题行为，对于有 ADHD 倾向的孩子效果更明显。

为什么运动可以改善 ADHD 症状，具体的机制还有待研究。科学家猜测，可能因为运动可以增加大脑中的血流量，促进脑毛细血管生长，提高多巴胺等神经递质的水平，产生脑源性神经营养因子。大脑里的这些变化能让负责反应抑制的区域活跃起来，增强孩子的自控能力，减少容易走神、冲动、多动的行为表现。

> 许多科学家认为，体育运动能促进大脑健康，对患有 ADHD 的孩子有很大帮助。当然，对其他孩子也是好处多多。

●冬季室内运动游戏

你可能想问，冬天的时候，外面太冷了，怎么运动？在室内也可以运动啊。年龄稍微大一点的孩子可以跳绳、拍球，对小一点的孩子，你可以想办法设计一些好玩的活动。

比如"推小车"：孩子趴在地上，双手撑地，你抓着孩子的双腿，让他用双手"走路"，假装你在推车。想增加趣味的话，还可以在孩子的背上放玩具或者好吃的，运到他想去的地方。

再比如在家里跳跳舞或者健美操，我家是玩体感游戏，只要想让孩子运动，咱们的办法肯定多过困难，是吧？

最后，我要感谢之前向我提出问题的老师，这是一位真心愿意帮助学生的好老师。教育特殊孩子需要有更多耐心，了解更多知识，付出更多努力，谢谢这位老师！

Dr. 魏的小叨叨

我再叨叨一下，多动症是和大脑有关的疾病，发病率大约是5%。但是，我们不能轻易地认为好动、注意力不集中的孩子就是患有多动症，这需要专业医生的判断。如果老师或家长觉得孩子有"多动"的倾向，要带孩子去正规的医院寻求专业诊断，不要自己下结论，更不要给孩子贴标签。缓解多动症症状的好方法是体育锻炼。

|5| 孩子学走路，该不该牵他的手？

──● 如何克服孩子学步期的牵手依赖

有很多家长给我留言，说自己家孩子在学步期，拉着大人一个手指头可以走得很快，在床上也敢自己站起来走，但是在地上走必须大人牵着，是孩子比较胆小吗？遇到这种情况，是让他一直牵着大人的手走，还是鼓励他自己走呢？

我的回答是，学步期的孩子，不要让他一直牵着大人的手走。我在《给孩子的未来脑计划》一书中解释不要用学步车时强调过一点，学步车会给孩子虚假的平衡感和安全感。其实学步车、学步带或者妈妈的手作用都是一样的，都会给孩子虚假的安全感和平衡感，只是程度不同而已。

> 要让孩子建立百分之百的平衡感和安全感，首先要让孩子百分之百掌控自己的身体。

当孩子能对自己的身体负全责时，他会更有安全意识，平衡系统也发展得更好。孩子是强大的学习机器，机油是孩子的各种练习机会。爬行、扶站、迈出第一步，如果这中间妈妈总帮忙牵，就像机油掺了水，孩子无法锻炼出一套适应良好的平衡能力和敏锐的安全意识。

孩子在床上敢自己站起来走，但在地上走必须由大人牵着，这不是说明他胆小，恰恰说明他有安全意识。可能大人的心态比较着急，看到用手牵孩子能走得飞快，就下意识一直牵着。而孩子是最清楚自己身体状态的人，他知道自己还没有能力独自迈出结实的一步，所以他选择软软的床或者妈妈的手来降低风险。

一定要顺应孩子的生长规律，不要催孩子快些走，而要在孩子旁边鼓励他，用语言指导他练习独自走。

总原则是嘴软心要硬，忍住不去帮忙，并做好这个过程会很长的心理准备。孩子怕摔？没关系，告诉孩子摔跤很正常。要摔的时候不要慌，用屁股着地，屁股和骨盆比较结实，可以保护孩子。你可以提前跟孩子预演几次摔跤，再安抚他真要摔了爸爸妈妈会帮助他的，给孩子心里打好预防针。

实际上对孩子来说，从扶站过渡到独立行走，意义非常重大。如果你觉得难以理解的话，可以想想猿人花了多久才实现直立行走。

——● 再说学步车

我一直说，每个孩子运动发展的阶段都是不一样的，要顺应孩子的发展规律。七坐八爬，十站周走，是大家总结的经验之谈，你家孩子没那么快，完全不是问题。只要不是太滞后，就不用担心。有的孩子身体的确没有发育到那个阶段，家长着急想让他赶上大部分孩子的步伐，硬给孩子装上一些辅助装置，比如学步车，其实是拔苗助长，还可能有安全隐患。

> 孩子要自己一步步练习坐、爬、站、走，通过不断试错才能习得走路。

孩子运动系统的发展是充满试错和适应的，我之前也说过，孩子在不断成长，他的每一个动作都不一样，需要从大量不同的试错练习中学习，以发展适应新动作的能力。而学步车会给孩子虚假的平衡感刺激，从而剥夺孩子自主学习平衡，然后站立行走的机会。这也就是说，孩子明明平衡能力还不强，肌肉还没有发育到能够支撑走路的那个程度，但是他在学步车的帮助下，却可以到处走，这就给了他的大脑一个错误信号，认为自己的平衡感已经可以了，足够应付各种问题。当孩子失去平衡时，他的第一个想法是扶一下学步车，而不是靠自己的身体来调整。

所以如果用了学步车，其实是剥夺了孩子运动系统和大脑认知的锻炼机会。学步车除了阻碍孩子的平衡能力发展，还会阻碍孩子运动能力的发展。孩子过于依赖学步车，时间久了不仅走路姿势不正常，腿部肌肉也得不到适当的锻炼。研究发现，有些用了学步车的孩子，不但没有早一些学会走路，反而晚了。学步车用得越多，情况就越糟糕。

此外，学步车会给孩子虚假的安全感，容易让孩子扶着学步车走到危险的地方，比如楼梯。通常孩子学会走路后，看见楼梯，会小心翼翼地慢慢爬上去，或者身体朝后慢慢地爬下来，但是如果用学步车，他很可能会意识不到危险，扶着学步车就走过去了。所以，我要再次提醒各位家长朋友，千万不要用学步车，它不但会带来危险，而且会阻碍孩子的运动能力发展。

> **最自然的学步方式，是让孩子自己来。如果孩子喜欢练习爬、站，尽管让他多练习，这是最自然、最适合孩子学步的方式。**

我在家里会给家具的边边角角贴上防护贴、防护垫，防止孩子磕碰到。然后，就随孩子自己扶着椅子或桌腿，一步一步学爬学站。

如果你一定要给孩子用学步辅助工具，可以准备学步手推车（activity walker），也就是很多人说的助步车。不过一定要使用质量好的产品，不要太轻，免得容易推翻；还要记得推车扶手的高度应该跟孩子的手臂保持水平。

——● 宝宝学走路，前庭系统在帮忙

我介绍过前庭系统，前庭系统位于人的内耳（后脑勺靠近耳朵的位置），对人的空间感知能力来说非常重要，对人的平衡感和运动能力也起到关键作用。我们大脑里的前庭系统对于运动发展是很重要的，比如我们想要孩子学站立，那可不只关系到锻炼孩子的大腿肌肉这么简单。前庭系统要负责发送信号给肌肉相关的神经结构，负责协调孩子的平衡感、对重力的感应等，让孩子可以保持直立。当孩子走着走着快跌倒时，前庭系统也会立刻进行调整，协调其他系统的应激反应，保护孩子不会以头着地。所以孩子学好走路，前庭系统帮了大忙。有研究表明，适当地刺激前庭系统，对婴儿的运动发展会有帮助。

怎么刺激呢？我也说过，非常简单，轻轻摇晃是关键。对于小宝宝，适当摇晃能够给他们带来愉悦的感受，起到安抚作用。你轻轻摆动孩子的身体，让他能感觉到平衡和空间的变化，这时就是在刺激他的前庭系统。

很多家长担心摇晃宝宝对他的大脑不好，我要强调一下，任何事情，都是过犹不及。晃动孩子的时候不要太快太猛。我介绍过抱着宝宝玩转椅的游戏，以此来刺激前庭系统。一般来说，宝宝都会喜欢这些游戏，你一转他，他就开始笑，或者咿呀咿呀地不知道在说些什么，这是正常的反应。但如果他脸上的表情是害怕，那就说明你转得太快了。我说的这个方法区别于网上展示的过度刺激的例子，我也反对像网上曾经流传过的一个视频那样，一个医生拎着孩子，用力地剧

烈晃动、翻转、抖动孩子，还说这对孩子的发育好。这个就是过度刺激了。有些父母跟孩子玩的时候过度了，或者情绪失控，突然暴力地摇晃孩子，或者长时间快速摇晃孩子，这些都有可能伤害孩子的脑部血管和神经纤维，导致摇晃婴儿综合征（SBS）。

> 孩子的大脑还像果冻一样脆弱，剧烈的抖动很可能对大脑造成损害。

美国儿科学会建议，避免剧烈摇晃婴儿的头部。所以摇晃孩子的时候动作要轻，而且摇一下，停一下，速度不要太快。因为宝宝的脖颈比较脆弱，抱着宝宝玩的时候，还要保证用手托着他的头和颈部。

总之，前庭要刺激，但要适度。轻柔地改变孩子身体的位置和姿势，让他感知到平衡和空间的变化，就可以了。

Dr. 魏的小叨叨

学会走路是孩子成长过程中的重要里程碑。如果孩子走路晚，家长难免担心。其实，孩子在 9~17 个月学会走路，都是正常的。有些家长怕孩子学会走路晚，还没等孩子练好爬，就拉着孩子练走，这会让孩子产生牵手依赖，形成虚假的平衡感和安全感，反而不利于孩子的运动系统发展。要想帮助孩子为走路做好准备，多练习前庭功能更实用。但切记过犹不及，前庭要刺激，也要适度。

育儿魏来答

Q1: 怎样更好地引导孩子的精细动作？

家长：我有一个 2 岁半的儿子。现在我们开始有意识地引导他自己穿衣、穿鞋，做一些力所能及的小家务。他会穿鞋，但每次叫他穿鞋的时候，他都会情绪激动地说不会，不愿意去做。每次我都会耐心地坐在他旁边，先调整他的情绪，再慢慢引导他自己穿鞋。有时候教他一些新技能，他直接就表示他不懂，产生厌倦情绪。应该怎样更好地引导他？

Dr. 魏：很多家长都问到这个问题，孩子精细技能做不好就会不耐烦，甚至发火。我还是要说，奖励和鼓励是关键。想要帮助孩子锻炼这个能力，你可以尽可能多地给孩子创造一个让他"成功"穿上鞋的机会。

小宝宝需要学习的一些精细动作如果太复杂，比如学穿鞋老是学不会，只会让他受挫流泪。这时候你可以跟孩子玩一些更加可控的、不太有挑战性的游戏来帮助孩子。比如，如果孩子很难给自己穿上鞋，但是给家里的玩具熊套上雨靴，穿上袜子，或者就是玩一玩绳子，这些都是他可以做到的，那就先从这一步入手，多让孩子做这种练习，一步一步建立孩子的信心。

孩子不会立刻就学会一切，但是如果你愿意花时间在旁边鼓励、支持，给他大量锻炼的时间，他以后就能让你惊叹不已。如果孩子在慢慢学系鞋带、扣纽扣、拿汤匙，先不要着急，退后一步让孩子尝试这些简单的任务。这些小的活动能够为孩子发展更好的精细动作提供基石。

Q2：孩子出门就要大人抱，抱还是不抱？

家长： 我家儿子 1 岁 9 个月了，不愿意待在家，喜欢到公园玩，但出门总喜欢大人抱着，不抱就生气哭闹，我们担心以后他依赖性强。有人说出门玩最好让孩子自己走，不知道是应该抱，还是坚决让他自己走路？

Dr. 魏： 我理解你的想法，你担心孩子太过于依赖大人，想让他更加独立。但是，育儿问题往往不是非黑即白的。我不会简单地告诉你，你得抱孩子，或者你得让他自己走。育儿和其他领域一样，存在大量灰色地带，得灰色处理。抱或者不抱，你得分情况。我和你一起来分析这些情况。

首先，我们看能力。孩子 1 岁 9 个月，他学会走路多久了呢？如果是刚学会走路不久，自己走是不是容易累？特别是孩子头大身短，腿部力量还有待发展，更容易疲劳。

你可能说，不对，孩子在家里走得挺好的，能力不是问题。那么我们分析孩子的走路意愿，也就是他想不想走。孩子不想走有哪些原因呢？我认为原因主要有两个：一个是习惯，另一个是安全感。先说习惯，如果孩子之前出门都是大人抱，那么一下子转换到让他自己走，很可能不习惯。抱着舒服，视野又好，为什么要自己走？再来说安全感，孩子对外面的世界既好奇，又谨慎，对于慢热的孩子，更是如此。你是他勇气的重要来源，他不是不能走，而是因为你是他的铠甲，所以他希望你能贴近他。

你想让孩子独立，但不能像鹰妈妈把鹰宝宝推下悬崖学飞那么简单粗暴。从抱到自己走，循序渐进更好。比如，你可以跟孩子说："妈妈一直抱你很累，妈妈抱你走到那棵树那儿，你就自己下来走一走。"你可以找一个人比较少的场地，跟孩子玩游戏，让他来抓你。在相对安全的地方，通过游戏的方式，来冲淡他对外面世界的焦虑。

给孩子充分的适应时间，他会越来越独立的。

Q3：如何科学地训练孩子睡眠？

家长：我们之前一直是把女儿哄睡着了再放到床上，最近开始训练21个月的女儿独立入睡。晚上8点左右把有睡意的孩子放进小床，她就开始挣扎站起来和哭闹求抱抱，我们不断地把她平躺放下，守在旁边，偶尔说几句"爸爸妈妈在旁边陪你"。一个晚上来回放下20多次，孩子哭了近半小时，才慢慢自己入睡。如此训练孩子入睡，看着哭得极为伤心的女儿，家人心里很是煎熬。请问这种方法科学吗？

Dr. 魏：每位父母都听不得孩子哭，我理解你的感受。首先，孩子哭这个问题，要分不同的发展阶段来看。我的好朋友、爱贝睿家长教练陈忻老师对婴儿哭声有深入的研究。她说，0~3 个月是宝宝跟世界建立信任的关键时期，这时候小宝宝哭，反映了她真实的生理需要，她可能是饿了、哪里痛了、要拉臭臭了，其实，6 个月前的宝宝都要尽量多安抚、多满足。

如果过早地无视宝宝的需求，不去安抚宝宝，美其名曰培养独立精神，其实是拔苗助长的行为。

当然，这并不是说宝宝一哭，你就得像飞人博尔特一样飞奔过去抱她。你可以先观察一下，有的宝宝面对焦虑和紧张会哭，有的宝宝睡觉之前会哼唧几声，过一会儿自己就睡了，这都是自然的反应，你不需要每次都"抱"她。你可以检查一下宝宝遇到了什么问题，告诉她"我们在呢"，给她一些安抚物，抚摸她的背让她不要紧张。总之，要回应宝宝的需要，但是回应方法可以灵活。

你家女儿 21 个月大，假设已经跟爸爸妈妈形成了安全的依恋关系，如果她过度依赖哄睡，导致睡眠质量很差，甚至影响家人的正常睡眠，那么可以试一些靠谱的睡眠训练方法。如果孩子持续大哭，你可以过一会儿再进房间照料，逐渐拉长进房间的时间，比如隔 3 分钟、5 分钟、10 分钟再去回应孩子，不一定要抱，回应的方法要灵活。最后，记住温柔而坚定的原则，不要时而态度强硬，时而心软，这只会伤害你跟孩子之间的信任关系。所以，你们全家人首先要统一目标，不要产生分歧。如果家人一致同意进行睡眠训练，那么白天的时候要给孩子高质量的陪伴，让孩子有安全感。

第 4 部分　运动脑

★ 健康体魄 ★

管住嘴，迈开腿，安宁
和谐的环境，充足睡眠

★ 打闹游戏 ★

充满积极情绪的打闹游
戏让孩子自发交换角
色，合作互动

★ 团体运动 ★

不强调输赢，培养胜不
骄败不馁的精神；团体
运动促进合作和分享

★ 运动的益处 ★

多动症实际是注意力缺陷多
动障碍，运动改善多动症
症状

第 5 部分
创意脑

用创造力开创未来

世界复杂多变，而保持好奇心和创造力是应对这个千变万化的世界的强大武器。孩子天生就有好奇心，我们做家长的，应该当好孩子的"粉丝兼助理"，密切关注孩子的成长和变化，当孩子有新想法时，迅速给予反馈、鼓励、帮助和支持。当孩子面临某个新的阶段或者要学习某项新的技能时，我们要帮孩子走出舒适区，到最近发展区去学习，帮助他们迎接新的挑战。在这个过程中，我们可以用点儿小心机，通过巧妙布置孩子玩的环境、提供适合的玩具和游戏，让孩子在不知不觉中边玩边学。孩子天生会演戏，你还可以从家里的日常用品入手，跟孩子玩戏剧游戏，锻炼孩子的问题解决、语言表达、情感表达以及创造力等多项能力。

　　走出家门，该如何培养孩子的创造力呢？博物馆是个宝库，我建议可以多带孩子逛逛博物馆。不过逛博物馆的过程中，重点不是要让孩子记忆知识点，而是要着重引导他观察、思考，带着问题去寻找答案、去实地验证。我们还可以根据孩子的兴趣点选择兴趣班，潜移默化中在孩子心里种下兴趣的种子，引导他从"兴趣"发展到坚持下来学会一项技能。总之，家长要发挥"脚手架"的功能，引导孩子走好创造未来世界的第一步。

|1| 怎样保护孩子的好奇心？

好奇心非常重要。如果你去搜索，能搜出很多跟好奇心有关的名人名言。

爱因斯坦说："我没有特别的天赋，我只有强烈的好奇心。"

居里夫人说："好奇心是学者的第一美德。"

我说："保持好奇心是应对这个复杂多变的世界的唯一方法。"哈哈，开个玩笑。

我自己是一个非常好奇的人，在美国念书的时候，我的博士导师给我取了个绰号号叫"Dr.Why"，就是"为什么博士"。一是因为我的姓氏"魏"的拼音 WEI，在德文中读作 why（我的导师正好是个德国人），二是因为我特别爱问 why（为什么）。从某种程度上来说，我之所以把科研作为自己的职业，一大原因就是我对事物有很强的好奇心。

你要是问我，想培养能够创造未来的孩子，什么最重要？我肯定把好奇心摆在前排。为什么呢？因为好奇心是人学习的动力，而且是一种深刻的内在动力。所以，我会特别在乎培养和保护孩子的好奇心。

我们老是说要培养孩子的学习力和认知能力，如果孩子没有内在驱动，只是学习的话，所有的学习都是无源之水。

那么，应该怎么做，才能培养和保护孩子的好奇心呢？

──● 孩子天生有好奇心

好奇心是一种对新事物或新环境产生关注、探究和提问的行为倾向。

孩子天生就有好奇心。你可以回想一下，当你送给孩子一个新玩具时，他是不是迫不及待地打开，这边拧拧，那边摸摸？当孩子第一次去沙坑里玩时，他是不是兴奋地用脚踩、用手抓？英国的神经科学家研究发现，成人觉得自己马上要学到新东西的时候，脑电波 θ 波的活动会增强。当科学家给 11 个月大的小宝宝介绍新玩具的时候，宝宝的大脑中也能看到 θ 波活动在增强。可见，小宝宝有跟成年人一样的好奇心。

虽然孩子生来都有好奇心，但这种好奇心会慢慢消退。想想你自己，现在看到一种新事物时，你是想冲上去试一试，还是直接无视？遇到一个问题时，你是用过去的老方法解决，还是想尝试一些新方法？如果你发现自己的好奇心不如孩子，那再正常不过。人的认识越多，相对而言新鲜刺激就越少，因为常见的东西他都知道了。

你可能会举例子反驳我：有的老人 70 多岁还玩微信，发朋友圈呢！是的，一来好奇心有天生的个体差异，二来好奇心的持续在很大程度上受到童年生活的影响。我猜，保持好奇心的老人家大概率有个好妈妈。下面我会告诉你孩子的好奇心受什么影响，看完你就明白我为什么敢这样猜测。

——●父母的养育方式会影响孩子的好奇心

"好奇心"的具体表现有这么几个方面。第一，对新奇的东西敏感，能够注意到它，特别想去探究。你肯定能在自己的孩子身上观察到这一点。第二，有探究的行为，去看一看，听一听，拧一拧，手耳眼口全上，就是想知道这新东西是怎么回事。而且，不弄明白不放手，探究起来特别能坚持。有时候，孩子看大树底下的蚂蚁窝，能看上 20 分钟，你怎么喊他都不动，这就是典型的好奇的表现。第三个表现你肯定特别熟悉，就是提问，孩子整天不停地问这是什么、那是什么，活脱脱的"十万个为什么"。

一般来说，孩子已有知识信息的丰富程度和思维水平影响着他对什么东西产生好奇，也影响他表现好奇的方式。比如，孩子的好奇对象一般是跟他的生活有关的事物，比如蚂蚁、花、车等；孩子 2 岁的时候还在感知运动阶段，思考离不开行动，大多用动作去探索；到了五六岁，抽象思维慢慢开始发展，有可能会纯粹思考，抽象出事物之间的关系。孩子小时候经常问的问题是"这是什么？""那是什么？""这是做什么用的？"长大之后可能会问"为什么？""是怎么回事？"等到孩子有了时间概念，还会问"这是从什么时候开始的呢？"

> 总的来说，在孩子眼里，许多事物都是新奇的，所以他们关心、探索、提问。如果父母给这些关心、探索和提问更多的鼓励和支持，孩子的好奇心就会延续下去，逐渐内化为相对稳定的人格特性。

　　有很多科学研究发现，父母的养育方式会影响孩子的好奇心，其中，妈妈的教育方式对孩子好奇心的影响很大。今天我着重讲妈妈的影响，不过，如果你是爸爸，套用里面的道理，也是一样管用的。

● 你是消防队长、吃瓜群众，还是粉丝兼助理？

　　科学家发现，在培养好奇心方面，有三种不同的妈妈。一种是权威专制型的妈妈，难以容忍孩子的探索和破坏，有点儿像消防队长，孩子有点儿热情探索的火苗，就被她灭掉。另一种是放任不管型的妈妈，她们放纵孩子的任何行为，不限制也不支持，任由孩子成长，像普通吃瓜群众一样。还有一种妈妈在孩子成长过程中扮演鼓励者、支持者、合作者的角色，有些像孩子的粉丝兼助理。你可以自我对比看看，你是消防队长、吃瓜群众，还是粉丝兼助理呢？

消防队长型妈妈

消防队长型妈妈是怎么"灭火"的呢？

孩子举着一只蜗牛对她说："妈妈，看，蜗牛没有脚也会走路！"她大喊："赶紧扔掉，脏兮兮的！"孩子好奇心的火苗"唰"地被灭掉。

孩子走在路上，突然感叹："地球好大好大啊，就像一张大大的床，为什么大人说地球是一个球呢？"她笑道："不对，孩子，因为地球是圆的。"好奇心的火苗"唰"地被灭掉。

孩子问："妈妈，为什么天空是蓝色的？"她说："哪有那么多为什么，天空本来就是蓝色的！""唰"，好奇心又被灭掉。

孩子的好奇行为受到了消极干预，好奇心自然会很快消减，最后对新奇刺激也会回避退缩。

吃瓜群众型妈妈

吃瓜群众型妈妈一般怎么应对孩子的好奇行为呢？基本上就一个词：不管。

孩子举着一只蜗牛对她说："妈妈，看，蜗牛没有脚也会走路！"她说："哦，你玩吧。"

孩子走在路上，突然感叹："地球好大好大啊，就像一张大大的床。"她没有任何反应。

孩子问："妈妈，为什么天空是蓝色的？"她说："不知道。"

孩子的好奇表现被忽视，得不到支持，只能靠自己。这样的孩子可能会有很多主动探究行为，但总不能持久，对新事物浅尝辄止。他们的好奇心有广度，没深度。

粉丝兼助理型妈妈

粉丝兼助理型妈妈呢？

> 她总能关注孩子的成长，看到孩子的点滴进步，当孩子有新想法时，她就像追星的粉丝一样，迅速反馈，给足鼓励。这还不够，她还会当孩子的助理，满足孩子当前的需要，给孩子帮助和支持。

还是用刚才的几种情况举例子。

孩子举着一只蜗牛对她说："妈妈，看，蜗牛没有脚也会走路！"她说："哇，宝宝你是怎么发现的？"孩子说："我看到一只蜗牛在动，就把它拿起来，发现它没有脚！"妈妈可能在孩子已有知识的基础上，鼓励孩子进一步探索："是呢，我们是用脚走路的，蜗牛不是。你再把它放在地上，看看它不用脚是怎么移动的。不知道有没有其他动物，也没有脚却能走呢？"

孩子走在路上，突然感叹："地球好大好大啊，就像一张大大的床，为什么大人说地球是一个球？"她不会直接否定孩子，而是顺着孩子的想法启发他说："的确，地球非常大，而且走在路上平稳又舒服，是吧？你的直觉好像是说地球就是平的，像床一样。那么，你一直走，走到大大的床的边上，会怎么样呢？"

孩子问："妈妈，为什么天空是蓝色的？"妈妈回答说："妈妈以前学过，好像跟光线的折射有关，但不能确定对不对。咱们一起去查科学绘本，或者上网搜一搜，好不好？"了解蓝色天空的成因之后，妈妈会进一步启发孩子："天空一直是蓝色的吗？也不是，快下雨的时候阴沉沉的，这又是为什么呢？"鼓励孩子先思考，然后再去查证。这种妈妈教孩子具体的探究路径，是陪伴孩子探索新知过程中给力的小伙伴。

哪种妈妈的孩子好奇心更强呢？相信你已经有了答案。在"粉丝兼助理型妈妈"的鼓励和支持下，孩子的好奇心得到发展，不但对新事物敏感，而且能够深入地去探究。研究也证实，这种类型的妈妈最可能培养出能保持好奇心的孩子。反之，"消防队长型妈妈"对孩子好奇心的负面影响最大，要大于"吃瓜群众型妈妈"。

——● 有利于孩子好奇心发展的养育清单

前面我们阐释了哪种类型的妈妈能保护孩子的好奇心。最后，我再为大家提供一个有利于发展孩子好奇心的养育清单。科学家发现，下面这些做法都有利于孩子好奇心的发展，你可以对照检查一下：

（1）妈妈自己的好奇行为多。

（2）妈妈与孩子进行的互动多。

（3）珍惜孩子的好奇心，建立宽容、接纳的家庭氛围。

（4）容忍孩子的冒失行为。

（5）给孩子相对新颖、不熟悉的刺激物或开展新奇的活动。

（6）引导孩子注意观察周围的事物，鼓励孩子提出问题。

（7）给孩子设计悬念、激发提问，但不直接提供答案。

我们正处在一个飞速发展的时代，如果你教孩子知识，知识可能会陈旧。但如果你帮助孩子保持好奇心，他将自主探索新知，永远站在时代浪潮之巅。

Dr. 魏的小叨叨

好奇心是一种对新事物或新环境产生关注、探究和提问的行为倾向。孩子天生就有强烈的好奇心，但这种好奇心会随着年龄增长慢慢消退。这往往跟父母的养育方式密切相关。在孩子眼里，许多事物都是新奇的，所以他们关心、探索、提问。如果父母给这些关心、探索和提问更多的鼓励和支持，孩子的好奇心就会延续下去，逐渐内化为相对稳定的人格特点。

在培养好奇心方面，家长通常有三种典型的做法：消防队长型、吃瓜群众型、粉丝兼助理型。"粉丝兼助理型"家长最可能培养出能保持好奇心的孩子，在他们的鼓励和支持下，孩子不但对新事物敏感，而且能够深入地去探究。希望正在看书的你，能够充当孩子的"粉丝兼助理"，密切关注孩子的成长和变化，在孩子有任何新想法时，迅速给予反馈、鼓励、帮助和支持。保持好奇心，孩子才会拥有应对这个复杂且多变世界的最佳武器。

👁 行为观察 × 脑力训练

（适合 2~3 岁的孩子）

行为观察

观察孩子会不会用同样的东西尝试做多种不同的事情，比如用大纸箱子装玩具、钻进去躲猫猫、扣过来当桌面放东西等。

脑力小游戏——厨房打乱秀

厨房里有很多乐器。不信，你带孩子试试。在家找一个宽敞的地方，把厨房里的筷子、木铲、塑料或不锈钢的瓶瓶罐罐拿过来，甚至锅也可以搬来。你给孩子示范，用这些东西敲出节奏，敲出不同的音色。孩子很快就会自己"创作音乐"了。请留出足够的时间，让孩子尽兴探索、体验。

关于创造力的研究表明，任何违反常规的行为方式和"跳出盒子"（think outside of the box）的思考经历，都可以提升我们的发散性思维和认知灵活性。在平时多多尝试打破"生活惯例"，换一种方式使用那些最常见的物品吧！

想要尝试更多行为观察和脑力训练小游戏？请下载"未来脑计划App"，成为脑计划 VIP。

|2| 在家当"演员",戏剧游戏培养孩子创造力

我之前讲过把读绘本当舞台剧,用演的方式帮助孩子学习语言。可能你已经发现了,在"演"的过程中,如果邀请孩子一起参与,他会更加感兴趣。实际上,孩子天生就会演。"演"(科学上叫"假装游戏")在孩子成长过程中起着非常重要的作用,能帮助孩子发展社会交往能力、问题解决能力、语言能力、情感表达能力、自信心等,当然还有创造力。这一节我们就讲讲怎样让孩子当"演员",通过戏剧游戏培养孩子的创造力。

——● 自发性假装游戏,意味着孩子思维能力的提升

为什么说孩子天生就会演?你仔细回想一下,孩子有没有把一块长积木举到嘴边,说"喂喂喂"?有没有学着妈妈的样子,假装拿东西在嘴上涂,在脸上抹?有没有把洋娃娃放好,拿纸巾当被子给她盖上?这些动作,都是孩子自发的假装游戏。他们会用一样物品代替另一样物品,会用象征性的动作表示实际上并不存在的事,甚至转换自己的角色,假装自己是另一个人。三四岁以后,几个小伙伴在一起玩

过家家的情形更加常见。

可不要小瞧假装游戏，虽然表面上看起来傻乎乎的，比如孩子拿着一根筷子要给你扎针，但它意味着孩子思维能力的提升。因为孩子先要抽象出来"针"的特征是细长的，再用有相同特点的筷子去代替；他还要理解扎针是医生的动作，并且假装自己是医生做这个动作，在家里、在当时，扮演一个应该在另一个空间和时间出现的人物，这需要一系列思考和表达。

首先，你可以观察到，在假装游戏过程中，孩子是自由放松的状态。比起正经八百地"上课"，游戏时更容易有"灵感"发生。为什么呢？这就要说到美国科学家马库斯·雷切尔所说的"大脑暗能量"了。暗能量只是一个比喻，对应的是"大脑默认模式网络"，是指当人们不刻意做什么的时候、发呆或出神的时候，在忙碌的那些脑区。科学家们发现，创造力与大脑默认模式网络关系密切。

其次，在玩假装游戏时，孩子能够自由表达，充分发挥发散性思维。用发散性思维思考的问题，没有标准答案，完全靠孩子想象，但想象要有一定依据。比如，两个孩子玩卖货的游戏，他们可能会就地取材，发现同一样物品的各种用途，把抽纸撕成长方块当作钱，这是利用了小块纸与纸币之间外形的相似性；还可能把抽纸撕碎揉成团，当作棉花糖来卖，这是利用了抽纸柔软洁白的特点，跟棉花糖相似。孩子在游戏的过程中，绝对不会担心"道具"不够，他们总能发挥想象力，发现身边物品的特点，用创新的方式使用它们。

还有，假装游戏能给孩子远距离联想的机会。我们知道，联想是把看上去好像没有任何交集的东西放到一起，找到它们之间的关系。

"远距离联想"就是说几样东西之间距离遥远，压根儿不沾边儿，但你能把它们联系起来。一般来说，能把距离越远的东西联系在一起，创新程度就越高。那么，为什么孩子可以在假装游戏中进行远距离联想呢？因为假装游戏是在此时此地演彼时彼地的事，任何时空里的事情和物品都可以拿到现在来演，从天空、陆地到海洋，从过去、现在到未来，一切都可以为孩子所用。还拿当医生看病来举例，孩子可能会把自己去看病的经历，把从书上看到的牙医给鳄鱼看病的过程，把故事里刮骨疗毒的情节连接在一起，演一个鳄鱼去看医生，被刮刮骨头，然后吃了甜甜的棒棒糖，开开心心回家的故事。

上面说的假装游戏，主要是孩子自发的游戏，非常随性，大人按照孩子的要求配合就好了。如果爸爸妈妈有意"加盟"，在编剧和表演阶段可以用搭脚手架的方式帮助孩子扩展提升，一步一步地搭台阶，跟孩子玩戏剧游戏，演完再跟孩子讨论讨论感受。我在家试过，保持本质上的"游戏"特征，激发孩子的内在动机去"演"，在"演"的过程中让孩子有充分的探索自由，我发现孩子的创造力超乎我的想象。

下面我就说说自己是怎么跟孩子玩戏剧游戏的，供你参考。

──● 演"日常用品"是不错的开始

可能你想问，孩子多大可以玩戏剧游戏？我觉得，在孩子有了自发性假装游戏的表现时，就可以了。我家大女儿 2 岁多的时候，我就开始跟她玩演戏的游戏。那个时候她还不能熟练地了解别人的心理状态和情绪，我们主要演物品。比如我们在客厅玩，我看到桌子上的茶壶，就把一只胳膊叉在腰上当壶把，另一只胳膊略微抬高当壶嘴，跟女儿说："爸爸是一只茶壶。"她看见我的样子，觉得好玩，也跟着做，其实她还不太明白为什么。我拿起茶壶给她看壶把、壶嘴，解释给她听，她学得更开心了。过了一阵子，她突然蹲在地上说："我是杯子。"我一看，矮墩墩的，是有些像茶杯，她抓住了物品的外观特点。

> 孩子模仿和表演，需要基于已有的经验，对于熟悉的事物，他们更容易提取特点，再去做表达。

演日常用品是不错的开始。等到孩子熟练掌握"演"的概念之后，模仿他喜欢的新鲜事物也不错。比如逛完动物园，回家后可以演见过的动物，用联想思维把不同的动物叠加在一起，比如想象海龟飞翔的样子。

说到这里，我想起一件事：有个妈妈吐槽，孩子在幼儿园表演节目，别的孩子演小动物，她家孩子就站在舞台上演一棵树！其实把树演好也不得了。我就跟女儿演过树，那一次，我本来只是站着没动，女儿突然跑到我身边，也站着，说："爸爸是大树，我是小树。"我觉得挺有意思，就接着跟她演。我说："哎呀，开始刮风了。"说完我就左右摇晃。女儿也摇晃起来。我又问她："冬天来了，我们会变成什么样子呢？"她想了想，说："冬天树叶落光了。"然后上下挥动双手，假装树叶掉下来。你看，在这个过程中，她要理解刮风和季节变化对树的影响，并且用自己的肢体语言表现出来，非常锻炼高阶思维能力。顺便说一下，因为要用到身体各个部位的肌肉，演戏玩儿也能让孩子的肌肉更灵活、有力。

──● 构思和表演有情节的"戏"

等孩子长大一些，你们就可以一起构思和表演有情节的"戏"了。戏的取材可以多种多样，比如绘本和童话故事是现成的，孩子的体验和经历也可以编成戏。

首先跟孩子一起讨论"演什么"，这是非常好的远距离联想的机会。比如演有关大灰狼的故事，可以鼓励孩子把他知道的所有关于大灰狼的经验串在一起，比如大灰狼和三只小猪，还有大灰狼和小红帽。另外，你还可以反向来提问：大灰狼一定是坏蛋吗？为什么它在故事里总是凶恶的？有没有一匹善良的狼，它如果遇到小红帽会怎么做？

> 要给孩子"搭台阶"，在孩子的已知经验基础上往上搭一层，让他进一步思考。

然后，你们还可以讨论怎么演。假如你们决定演一匹善良的狼遇见小红帽，帮她提篮子，送她去外婆家的故事，那么接下来跟孩子一起开脑洞，想想狼看到小红帽时是怎么想的、怎么做的、会说什么、小红帽发现狼时是什么心情、在表情和动作上怎么体现出来等，把完整的故事计划好。因为有情节的戏对孩子来说比较复杂，可能一下子记不住，最好是用纸和笔简单画下来，这又是一个创作的过程。当"剧本"准备好，你和孩子每个人认领自己的角色，全家参与更好玩。如果孩子没有按照剧本演，也不用去纠正，顺着他的方向继续进行，说不定更加有新意。

──● 演后聊一聊

演完一次，你们可以聊聊刚才的表现，每个人都说说爸爸演得怎么样，妈妈演得怎么样，孩子演得怎么样，再想想怎样能把戏里的事类推到平日的生活情境中。这个讨论的过程可以简短，但非常重要。还要强调的是，在整个戏剧游戏的过程中，你有两个角色，既是"搭架子"的人，也是演员，但你要克制住"掌控一切"的冲动，不要用你的经验去限制孩子，而要多鼓励他思考和表达。

你会发现，开始时孩子编不出什么复杂情节，但是玩了几次之后，他就开始有模有样地创新起来。无论是在绘本上看到的故事、动画片，还是在幼儿园学到的知识，他都会串起来。孩子会给你惊喜的！

──● 简单的小游戏也是发挥创造力的好机会

当然，编剧、演戏需要大块的时间，没办法天天玩。平时玩一些简单的小游戏，也能让孩子发挥创造力。比如随手拿起眼前的一样物品，用它当道具，轮流演一个动作，进行发散性思维游戏。我跟女儿常玩的是马克笔，因为它就放在我桌上，容易拿。她拿起笔放在嘴边开始唱歌，把笔当成麦克风；我用笔敲杯子，把笔当鼓槌；她又把笔当成树，"种"在桌面上……这种小游戏的好处是时间弹性大，想玩多久都行。在玩的过程中，请你记得，孩子的创意会随着熟练掌握、适当的引导发挥出来。不要太着急，孩子一开始可能不会"独创"，只会模仿你，这没有关系。

> 你需要做的是，尊重孩子的想法，允许孩子出现错误，保持一种安全的、信任的气氛，帮助孩子认识到他的创造能力。

Dr. 魏的小叨叨

　　创意并不是凭空冒出来的。加州大学戴维斯分校的西蒙顿教授在研究了科学家的创意过程后发现，那些所谓的新创意，其实来自人脑对旧知识的重新组合，而这种组合几乎是随机的。平时，很多奇怪的念头或者组合都被你的意识压制住了，当你的注意系统放松的时候，这些新奇的组合进入你的意识当中，就成了创意。

　　孩子也一样，创意来自他大脑中已有的信息。爸爸妈妈可以在编剧和表演阶段用搭脚手架的方式帮助孩子扩展提升，一步一步地搭台阶，跟孩子玩戏剧游戏。当然，在玩戏剧游戏时，要考虑到孩子的现有基础，选择主题时考虑孩子的经验和兴趣，设计故事时考虑孩子能不能把握情节与角色的复杂程度。平时别忘了鼓励孩子观察、学习，掌握事实性知识，这是创造的基础。

假装游戏是一个没有任何功利性目的的游戏，孩子在游戏过程中获得的是打开创造力的机会，也是获得你对他去创新、去天马行空地思考的鼓励。这样的思维方式是无价的。

|3| 该不该给孩子报兴趣班？

每到孩子快放假的时候，家长问我最多的话题就是"兴趣班"。

那么到底该不该给孩子报兴趣班？怎么才能激发孩子的兴趣？孩子报了兴趣班，却提不起兴趣，该怎么办？我教给你一招——给孩子"洗脑"。

在孩子特别小的时候，很大程度上还是依赖你，依赖你给他的环境、你跟他的互动。你"不经意"的举动，就可能让孩子对某些东西非常着迷。举个我自己的例子。我大女儿小的时候，家里有块小黑板，我想看看她对数字感不感兴趣，于是我画了几只猫，让她计算，她觉得很有意思。接下来我就在小黑板上做心算题，教给她加减乘除。她很快就跳过了加法、减法，掌握了乘法和除法。她现在非常喜欢数学，经常提要求说"爸爸给我出一道题吧"。

回想起来，我女儿对数学的兴趣可能源自我对她的"洗脑"：她学数学的时候我很愿意跟她互动，及时回应。比如对她的心算能力表示出非常惊讶，我会说："这样你也会？！"我的惊讶对她来说是最好的激励。鼓励孩子，可能你潜移默化间就在他心中种下了兴趣的种子。

如果家长特别想让孩子玩什么或学什么，但孩子就是不喜欢，那么家长可以巧妙地"引导"。

> **家长引导孩子的兴趣，关键是让孩子感受到其中的乐趣，获得积极体验。**

还是我和女儿的例子。我大女儿小时候不喜欢搭积木，我就耐心地陪她玩。我先搭起来，她一把推倒，这样也行。我们还玩扔积木，比谁能准确地将积木扔到一个桶里面。后来我搭了比较稳固的积木城堡，要求她用积木来砸，比如只能用3块积木来砸，要全砸倒才算胜利。她砸完我的，我就要她搭一个，我来砸她的，相互比赛。再到后来，她就会自己搭漂亮的积木城堡，而不要求我去砸了。你看，我非常有耐心地把一个不爱搭积木的孩子变成了每晚都拉着我搭积木的孩子，变成了一个对积木很感兴趣的人。在这个过程中，孩子真正觉得好玩，她自己主动愿意玩，越来越喜欢玩，在玩的过程中她跟我的关系更加亲密，获得的是积极体验。

——● 如何帮助孩子坚持一种兴趣？

孩子充满好奇心，对新鲜事物有强烈的探索欲望，但很多孩子的问题往往是"兴趣"太多，变化又太快。今天喜欢积木，明天喜欢跳舞，后天喜欢画画，看见别人玩什么都喜欢，但并不长久，很快又不喜欢。这就涉及另一个常见的问题：怎样帮助孩子坚持一项兴趣？

好奇心是人们求新知的动力，我认为应该给孩子多体验、多尝试的机会，看看他对什么新奇的东西感兴趣。不过，对新奇的东西敏感，产生想学习的想法，这只是第一步。接下来，还要付出行动，不弄明白就不放弃。这需要一定的毅力，孩子需要你的支持。

当孩子对你说"妈妈，我不想再去那个兴趣班了"，你不要着急，也不用强迫，首先帮助孩子找到症结所在，帮他理清头绪。这样做也是教他一种思维方法，以后无论遇到什么困难，都可以用相同的方法处理。你可以问问孩子："为什么呢，是什么让你觉得不舒服？"有时候孩子回答不上来，你就要调用平时观察到的细节，是哪一次上课回来就消沉了，是哪一项作业总是完不成，还是上哪个老师的课总是不乐意？再有针对性地提出具体的问题。孩子有可能因为不适应某个老师的上课风格，或是在班里跟小朋友发生冲突，或是觉得任务太难受到挫折，这些都有可能产生回避的想法，需要具体问题具体解决。

──● 强化孩子的内在动机

支持孩子坚持下去，是孩子学习的外部动机，除此之外，你还要促进外部动机向内部动机转化。因为如果孩子学习有内在动机，他是出于内心的需要而做这件事，那么他对学习的热爱就不会消失。

内在动机是怎么来的？美国心理学家德西和瑞安提出的"自我决定论"很好地回答了这个问题。他们认为：

> 所有人（包括孩子）都有三个基本心理需要：归属感、自主感和胜任感。如果这三个需要得到满足，内在动机就会得到提高。

归属感，也叫关系需求，指人感觉到自己与别人有关联，在意别人，也希望被别人在意，体验到来自其他人的关爱、理解和支持。对孩子来说，最重要的就是，无论结果如何，都能感受到你的爱、尊重和接纳。要是孩子学一样东西，学得好，你就又夸又奖励，学得不好，你就嫌弃责骂，那么他对这种兴趣班肯定提不起兴趣。

自主感，很好理解，就是让孩子感到这件事可以由自己决定。选择兴趣班之前，要跟孩子讨论。但是给孩子多一些自主感，并不是说由着孩子，而是在可能的情况下尽量让孩子有可以选择决定的感觉。我举个例子，练琴是一件枯燥的事，我大女儿有一阵子闹着不想练。我首先接纳她的情绪，跟她说："练琴的确不好玩，你觉得没意思是吗？"让孩子感觉到我是理解她的。然后，我跟她解释为什么必须练琴，重复的练习是挑战自己技能的坎儿，是获得经验智力的必经之路。我让她了解练琴的重要性，理解相应的道理。最后，我会给她一点选择权，可以先吃饭再练琴，或者练完琴再吃饭。有了选择，这个任务就没那么讨厌了。

说到自主感，有个妈妈讲了她女儿学英语的故事，我觉得挺典型的。她说："孩子上幼儿园，幼儿园有英语课。一开始以兴趣为主，孩子挺有热情的。后来老师开始强制家长每天要监督孩子学习半小时，且 21 天拍照打卡，孩子的学习兴趣下降，后来索性就不学了。"

　　我猜测，孩子学习兴趣下降的原因之一，就是她的内在动机被破坏了。孩子并没有理解和感受到打卡这件事的乐趣，反而让她觉得学习英语是为了让爸爸妈妈打卡给老师看，是家长和老师的事，而对于她来说这只是一件要被动完成的任务，所以越来越没兴趣。

　　最后说胜任感。胜任感至关重要，是指人们相信自己能胜任一件事情，认为自己"能做到"。当我惊讶地对女儿说"这样你也会"时，她可能会获得一种胜任感，觉得"我好厉害，都让爸爸吃惊了"，由此更加有信心。孩子和大人一样，应对一件事情的能力越强，就会越感兴趣。

——● 刻意练习，帮孩子突破兴趣学习的瓶颈

　　我们都知道，学习的路上不可能一帆风顺，总会遇到瓶颈。有时候孩子就是没办法完成一项任务，信心受到打击，所以沮丧。那你"该出手时就出手"——我不是让你出手揍孩子，是让你出手帮助他。怎么帮呢？就是借助我们反复强调的"刻意练习"。

　　首先，你可以帮助孩子把困难任务拆解开，拆到孩子能够完成的"颗粒"大小。比如，孩子说不想学琴了，你了解后发现，是因为有一首曲子他怎么都弹不好，影响了信心。那么你可以让孩子一小节一小节地练，练熟一小节再进行下一小节。一小节都练不下来怎么办？把这一小节再拆成左右手，先分开练习，再合练。一旦孩子攻克一个小困难，就会重建信心，去面对大困难。

　　其次，在安排练习时间的时候，不要一味地追求时间长度。同一

首曲子，一周练一次，一次练一整天，就不如一周内每天练一次，一次半小时。而且，分散练习还能让孩子有反思空间，回顾昨天哪里做得不对，今天换个方法试试。

> 分散练习相对于集中练习的优势，是经过脑科学研究反复证明的铁律，它和人的记忆系统的特点有关。小批量的持续练习最能加深记忆。

最后，别忘了及时给孩子具体反馈，让孩子知道自己哪儿学得好，哪儿学得不好，便于孩子调整策略。再强调一遍，你给孩子的反馈一定要注意两点，一是要及时，二是要具体，越具体越好。

所以我建议，不要轻易放弃。痛苦的坚持期是常有的事情，几乎所有的技能学习都不可避免会碰到。有时候你"强硬"一点儿，推孩子往前走一段，孩子反而会比以前更加喜欢这项学习。

当然，如果坚持到孩子和你都非常痛苦，孩子一直提不起兴趣，我觉得放弃也没关系。毕竟世界上有那么多有趣的事，有那么多领域可以开拓探索。你也不用担心前面的学费白花、精力白费。我的好朋友、爱贝睿家长教练赵昱鲲有一个形象的比喻，他说，不是所有的恋爱最后都以婚姻收场，跟不合适的对象早点儿分手，总比将来离婚好。同样，孩子早点儿放弃不是自己真爱的活动，总比将来大学都上完了，工作都干了好几年，才发现自己不喜欢，然后痛苦地转行好。

──● 兴趣班只是辅助学习的工具

说了这么多，回到开头的问题，要不要给孩子报兴趣班？其实，如果你有足够的时间，知道怎么陪孩子玩，那么你就是最好的兴趣班。如果你空余时间少，平时和孩子的玩法不多，可以给孩子选择兴趣班。

> 兴趣班只是辅助学习的工具，也就是说，重点不是工具，而是使用工具的人。

不过要注意，给 6 岁以下的孩子选择兴趣班要以激发兴趣为主，而不要选择那种强化训练班。现在有些早教班甚至打着教授某项技能的旗号，实在有点夸张。选择早教班，更多的是要考虑早教班的老师是否有经验、有水平；根据孩子的年龄，师生比是否恰当；安全、环境是否有保障；对于小宝宝来说，还要考虑距离。最后，肯定要考虑费用、性价比，毕竟现在的早教班动不动办张卡就几万元，平均一节课怎么也得 200 元左右。

好的早教班，确实能在时间上和培养方式上帮助到新手父母，同时，也能给孩子提供一个小小的社交环境，对孩子的能力提升也有一定帮助。但我想说的是，你和孩子的言语交流，孩子小时候你给他的爱抚，你和他一起做的游戏，你和他一起读的小人书、一起堆的沙子、一起跑过的林荫道，这些都是他最重要的早教。当然，如果你能多知道一点靠谱的、科学的育儿知识，并在陪伴他的时候应用上，那就更完美了。

> 作为父母，千万不要把"宝"押在别人身上。早教班再好，也替代不了你对孩子的培养和影响。

Dr. 魏的小叨叨

孩子天生就有好奇心，对周围世界充满好奇。我们做家长的可以用些小心机，在潜移默化间给孩子"洗脑"，鼓励孩子，在他心中种下兴趣的种子，激发和引导他从"兴趣"发展到坚持下来学会一项技能。

如果孩子报了兴趣班又不想去上，可能是因为不喜欢某个老师，或者跟小朋友发生了冲突，又或是觉得任务太难了有挫败感。你要跟孩子耐心沟通，找出他不愿意去的原因，具体问题具体解决。让孩子有归属感、自主感、胜任感，提高他的内在动机。你还可以通过刻意练习，把任务拆解成更小的单位，小批量持续练习，并给孩子及时具体的反馈，来帮孩子突破兴趣学习中的瓶颈。

最后再强调一句，我们养孩子，要面向未来，看得远一点。要把孩子培养成适应未来世界的人，知识技能兴趣班只是孩子成长大树上的一个枝丫，好奇、毅力、共情、自主、创造等品格和能力，才是大树的根。

|4| 摆脱畏难情绪的秘诀：跳一跳，够得着

　　有位家长问我："我们家宝宝挺喜欢画画的，在幼儿园能够独立画画，但是回到家就比较依赖大人帮她画画（爸妈两人都会画画），甚至拿起笔不敢画。怎么能让她更加有信心去画？我们尝试鼓励她，让她乱画，可她就是很害怕，不敢下笔，甚至生气地大力画，然后开始哭。"

　　听到最后一句的时候，我猜出一部分原因：可能孩子不是没有独立画画的能力，而是看到太会画画的父母，对画画有了畏难情绪。

　　其实，孩子觉得一件事很难，从而不敢去做，这种情况非常普遍。有的孩子拼图时一错就放弃，搭积木时一倒就哭，学舞蹈不肯练新动作，这些都是畏难情绪的表现。想想我们大人也一样，也喜欢待在舒适区里，不喜欢走到一个陌生的领域。我们知道，勇于面对挑战是重要的人格特质。

> 在孩子小时候就去引导他们，让他们知道怎么走出舒适区，孩子长大后就更可能迎难而上，接受挑战。

怎么帮助孩子走出舒适区呢？可不是把画笔往孩子那儿一放，把积木往他面前一堆，把练功服给他一穿，他就能自己学会的。这里面大有学问。

──● 善于使用跳一跳够得着的"最近发展区"

"最近发展区"是相对于"舒适区"的一个概念。在舒适区里，孩子做什么事都比较熟练，游刃有余；而在"最近发展区"里，要学习的任务或知识会难一点，孩子一开始没办法独立完成，如果没人帮忙，他可能就有畏难情绪，不去尝试了。但是在其他人的帮助、指导下，他自己坚持努力，能够得着目标，在这个区域学习最适合孩子的发展。

从教育学的角度讲，这种方法叫作给孩子搭脚手架。脚手架是建楼的时候，那些提供临时支持的支架，一般是先搭一层脚手架，再盖一层楼，搭一层盖一层，等平房变高楼了，再把脚手架拆下来。孩子的发展其实跟建楼很像，爸爸妈妈就是脚手架，当孩子学习新事物的时候，给他大量的支持，等孩子的能力提高了，可以做到本来做不到的事情，我们就可以撤开支架，让孩子独立。

那么，为什么有些人遇到小困难就退缩，而有些人能成为终身学习者？造成这些不同的种子可能在一个人很小的时候就种下了。

> 如果父母从孩子小时候就善用"脚手架"，为孩子的发展搭好了平台，就能帮助孩子持续在最近发展区愉快自主地学习。

帮孩子搭脚手架，有以下三个步骤。

引导孩子定义困难

孩子面对困难左右为难的时候，其实是他的思维卡壳了。你可以主动帮他捋一下思路，请他认真想一想，他是怎么看这件事情的，思考的过程就是理解的过程。

比如开头那个孩子的例子。孩子在幼儿园已经可以画画了，但是面对比自己强大太多的父母，她有了畏难情绪，你可以请她描述她的想法，问问她："宝宝，你为什么不敢画呢？"孩子可能会说"害怕画不好"。这时候她是被"完美"的思维限制住了，那你就可以帮孩子发散一下思维，你可以说："听说你在幼儿园画得很好啊，在幼儿园你是怎么画的？"孩子的心结可能一下就打开了。

面对困难，孩子退缩或者向你寻求帮助的时候，不要立刻就帮他解决，而是要延长孩子的思考时间。

> 有时候孩子不是没有能力解决问题，而是面对困难，还没理清楚自己的感受。

调整任务的难度

我们要注意调整孩子练习的难度，让孩子在"最近发展区"练习，既不要太难，让孩子无从下手，又不要太简单，能帮孩子走出"舒适区"。具体该怎么做呢？

给孩子布置任务后，你要观察孩子，如果看到他努力过了，但就是无法达成目标，甚至都有些沮丧了，这说明任务可能太难，你就该提供"脚手架"支持了，而不是一味地让孩子经受挫折。如果孩子实在说不出什么方法，你可以引导他描述一个小目标，然后开始进行下一步，给孩子提示，把任务拆解成小步骤。

比如，你可以跟孩子说："宝宝，我们一起来想想，你想画个什么？"跟孩子一起回顾，帮她审查一下到目前为止她已经做了些什么："刚才你说想画一个小仙女，对吧？"然后，帮助孩子计划将要做什么："先画小仙女的哪个部位呢？小仙女的头发是长的还是短的？她会飞吗？你觉得用什么颜色的笔画小仙女的衣服比较好？最后，还需要画些什么呢？"孩子跟着你的问题思考，同时学习按照顺序，分解成可以努力完成的"小目标"。等孩子多练习几次，熟悉这个过程之后，就可以自己做计划、分解任务了。

> 尽量让每一个小步骤都在孩子的最近发展区里面，这样孩子的每一次努力都能成功，孩子的信心就建立起来了。

产生畏难情绪可能是因为任务有太多步骤，孩子无从下手，于是干脆放弃不做。如果我们把任务进行拆解，变成一个个的小目标，孩子就可以按步骤一个一个地完成了。

鼓励孩子解决困难

可能有人会想，不是说要挫折教育吗？如果孩子的每一次努力都能成功，孩子会不会缺乏韧性啊？其实不会。能够把看似不可能完成的任务分解成自己可以实现的小目标，才叫问题解决能力。

要让孩子愿意面对失败，同时不纠结于失败。3 岁以下的孩子还处于价值观的形成阶段，他们不知道什么是"好"，什么是"坏"，他们主要靠观察父母的态度来了解什么情况下他们该感到骄傲，什么情况下该感到内疚。如果父母经常因为一些小失败、小错误批评孩子，给孩子的表现直接贴上"好"或者"坏"的标签，孩子的自我价值感就会产生偏差。古人常说"胜不骄，败不馁"，研究发现，一些经常被家长打压的 3 岁的孩子，更可能"胜易骄，败易馁"，面对成功会更容易骄傲，面对挑战会更容易放弃。

所以，看到孩子失败的时候，做家长的首先要摆正态度——注意，孩子在观察我们呢。这时候不要去打压他们，也不要乱表扬一通。聪明的家长会问孩子这样一个魔法句子："你还能想一个更好的方法吗？"这样就是在告诉孩子，失败不要紧，那个方法不行，就再想一个方法，把孩子的关注点转移到解决问题本身上来。

Dr. 魏的小叨叨

想要培养出勇于迎接挑战的孩子，重点在于帮孩子走出舒适区，到"最近发展区"去学习。我们可以分三个步骤给孩子搭建"脚手架"：先引导孩子思考困难，定义困难；然后调整任务难度，保持孩子在"最近发展区"学习；最后，不论孩子成功还是失败，把关注点放到鼓励他解决问题上，而不是批评他。

|5| 如何布置家庭玩具角，让孩子边玩边学？

一个朋友带他 4 岁的女儿来我家玩。平时他总跟我吐槽，说孩子在家特别调皮，整天玩，不肯学习。孩子来我家之后，跟我女儿玩过家家游戏，两个人叽叽咕咕玩得特别开心。

朋友说："我家孩子就爱玩，从来不学习。"我跟他说："在我家，孩子可以一边玩一边学习。"这不是开玩笑，我专门给孩子准备了一个可以痛快玩的区域，这个区域有各种玩具和绘本，区域布置也是花了心思的。另外，在孩子玩游戏的过程中，我会适时地参与和引导。这一节我就讲讲怎么布置家庭玩具角，以及怎样正确参与和引导儿童游戏，让孩子边玩边学。

──● 孩子在"玩"中学习

我们都知道，孩子天生爱玩游戏。如果说大人是在工作中学习、成长的，那么孩子就是在游戏中学习、成长的。孩子在游戏中会发展语言，构筑知识，练习社会技能，发展创造力，促进身体发展。科学家发现，在儿童生命的前几年，游戏活动对大脑的发育和之后的人类机能都会产生积极的影响。一句话来说，孩子在玩中学习和成长。

> **游戏会影响早期儿童大脑神经回路的连接，为孩子未来的兴趣和能力打好基础。**

举个典型的例子，我和女儿一个人扮演售货员，另一个人扮演顾客，拿了一堆各式各样的塑料蔬菜和水果来玩购买游戏。一个人问："这苹果多少钱一个？我买两个。"另一个人回答："4块钱一个。来，给你。"就在这看起来幼稚的游戏里，孩子表演她所理解的社会角色，还要学会问价格，练习沟通能力，甚至得学会找钱，要用到数学能力。

——● 如何布置玩具角？

既然玩这么重要，在家里，我们怎样给孩子提供适合的玩具和空间环境呢？

玩具的种类要均衡

我给孩子准备玩具时会考虑种类均衡，有利于孩子智力、动作、语言、社会情绪、创造力发展的，都准备一些。具体玩具可能我买的跟大多数家长买的都差不多：桌游、绘本、积木、娃娃之类。下面这几种，我想特别说明一下。

建构类玩具。心理学家进行过深入研究的玩具不多，建构类玩具是其中之一。积木、橡皮泥，都属于建构类玩具。心理学家发现，建构类玩具能够有效培养孩子的精细动作、发散性思维、语言能力和空间认知能力。如果家里只能有一个玩具，我会选积木。

多功能玩具。小黑板是我家的"多功能玩具"，我用黑板跟女儿玩数学游戏。她的数学启蒙，大部分是在黑板上写写画画完成的。同时，孩子也喜欢拿粉笔在小黑板上涂鸦。有时候我们还把它当画板用，把纸夹在上面，孩子用画笔在纸上涂涂抹抹。在这个过程中，孩子在锻炼她的精细动作，对她的大脑发展很有好处。

体感游戏。我是研究运动控制的，特别重视孩子的动作发展，因为我知道，人运动时所需要激活的脑区，除了纯粹的和肢体运动有关的脑区之外，还有很多和计划、决策、知觉有关的脑区，因此运动不仅锻炼身体，还锻炼大脑。不过，有时候天气不好没办法出门运动，特别是冬天的时候，空气污染又严重，怎么办呢？我们可以在家里玩体感游戏，也能达到活动的效果。游戏可以识别孩子的运动轨迹，并且做出判断。比如孩子玩网球游戏或者跳舞游戏，他的手臂、躯干和下肢的动作都可以被捕捉到，加上音效和紧张的游戏设置，可以让孩子玩得乐此不疲。同时，这些体感游戏有一定的运动量，可以玩出汗来，也算是大冬天里和空气质量欠佳时的一点儿体育活动了。

节奏类玩具。孩子学习音乐，除了提升听觉、运动能力，对他的语言和社交情绪发展也有帮助。特别是音乐中的节奏感，人类天生爱节奏。孩子小的时候，我在家就放了好几种可以打节奏的玩具，比如沙锤、摇铃、三角铁，让宝宝自己晃着玩。

做合理的空间分区

当然，准备了这么多玩具，也不是全部堆在那里，让孩子任意玩。什么时候放哪些玩具，放在什么地方，都有讲究。

首先，孩子在家的游戏有相对安静的，比如读书、画画、搭积木；也有动静比较大的，比如过家家、跳舞、体感运动。把玩这两种游戏的区域分开，在"动区"不要放容易磕碰到孩子的柜子、架子等，防止孩子受伤；在"静区"放上软的地垫，给孩子安定舒适的感觉。

家里空间小，不太可能把所有玩具都摆出来。在一段时间内，只挑选一部分适合的玩具给孩子，其他的暂时收起来。摆出来的这些玩具，也要考虑均衡。比如，有孩子可以自由表达的开放式玩具，充分发挥孩子的创造力（比如积木类玩具），还有目标明确的封闭式玩具（比如桌游）。研究表明，孩子玩不同类型的玩具和游戏，他的参与度更高，也最受益。

> 如果想要孩子集中注意力，就得控制环境里的刺激物，不能太多。

另外，孩子有可能在某一段时间，对特定的主题感兴趣，这时候我们可以把所有关于这个主题的游戏材料都拿出来，让孩子有机会做同主题学习。比如，我女儿在某一阶段忽然对恐龙产生浓厚的兴趣，问了我一堆关于恐龙的问题：哪些恐龙是吃草的？哪些恐龙打架最厉害？将来还有可能出现新的恐龙吗？我把家里关于恐龙的绘本全找出来，还有恐龙画册、塑料小恐龙玩具，还专门找到英国广播公司的纪录片《恐龙星球》，帮助她"研究"恐龙。我敢打赌，你家孩子也会在某个时间突然对某个主题的东西感兴趣，这其实是让他们对这一主题进行深入探索的好时机。

玩具摆放要有规律

放在外面的玩具，如何摆放也很重要。教育学家研究发现，如果孩子的玩具、材料都摆放得井然有序，孩子能够学会更多认知技能。但要按照什么规律摆放呢？怎样分类呢？比如，《吃汉字的小刺猬》可以放在桌游类，也可以跟其他绘本一起放在语言类。各种小玩具可以按照形状分，也可以按照颜色分，按照功能分。其实，怎样分都可以，把任务交给孩子就行，因为主要是他们在用这些玩具。

我给女儿准备了书架、玩具架和玩具分类筐，跟她商量怎样放绘本和玩具，提醒她在书架和玩具架的格子上贴标签，这样方便找。她还不会写字的时候，就用画来表示。这样，孩子收拾玩具的时候，就自然地锻炼了分类思维。

我还教女儿一个重要的安全技能：在书架和玩具架上，把大的、重的东西摆在下层，轻的、小的东西摆在上层，这样架子更稳。顺便给她讲讲这背后的物理学原理，孩子很容易就懂了。

给孩子一个独处的小空间

你偶尔可以给孩子准备一个独处的小空间，让他可以"躲起来"，这是有利于儿童发展的。在这个小空间里，孩子一个人待着，觉得舒适、有安全感。比如，可以给孩子准备一个玩具帐篷，在里面放上小毯子和靠垫，这是孩子的秘密基地。也可以不用特意这样，如果家里有特别大的纸箱，你可以跟孩子一起把它改造成一个小房子。我还见过有人利用餐桌下面的空间，把一块特别大的布铺在餐桌上，四周垂下来，一直垂到地面，孩子可以钻进去，独处上一段时间。

——● 如何正确参与和引导孩子玩游戏

除了提供环境和玩具，家长的参与和引导也很重要。在孩子不同的游戏阶段，有相对应的需要你注意的干预技巧。一方面，研究发现，父母的参与可以增进孩子玩游戏的专注力，并且提高游戏行为的层次。另一方面，如果过多或者不当地介入到儿童游戏中，可能会让孩子产生过度依赖，无法独立玩游戏。

你需要注意以下几点。

放下思维定式，允许孩子探索

年龄较小的孩子（比如 0~2 岁的宝宝）玩的游戏比较简单，他可能喜欢重复踢某个玩具、反复拿勺子敲击桌面，总之，给他一块废木头他也能玩上好久。你可能会着急，想帮孩子一把，让他玩得更高级些。其实，这是儿童游戏的初级形式。当孩子跟玩具互动的时候，他在尽可能地调动他的触觉、听觉、视觉、味觉和嗅觉来了解这个物体。比如，他可能爱上用脚踢玩具的触感、用勺子敲桌面发出的声音，或者是被木头的纹理、气味所吸引，这些看似简单的游戏其实是孩子探索世界的行为。

鼓是用来敲的，积木是用来搭的，杯子是用来喝水的……对于大人来说，每一个玩具、每一个物品，都有其特定的玩法或功能。你也可能不自觉地要求孩子这么做，但孩子却没有这样的定式思维。鼓有一个平面，为什么不可以变成洋娃娃的床？大颗粒的乐高积木有比较大的凹槽，为什么不能变成杯子？而杯子为什么不能放在头顶，变成一顶可爱的帽子？

> 孩子就像一个刚到地球的外星人，完全不被玩具和物品已有的功能所束缚。

美国心理学家詹姆斯·吉布森（James Jerome Gibson）提出了功能可供性（affordance）的概念。功能可供性指的是事物给人类和动物提供的行为可能。一个事物可能的用法和玩法是丰富的，而不是唯一的。当你按照设计者预设的思路去玩一个玩具时，就发生了心理学上所说的"功能固着"，而你则产生了定式思维。

孩子还没有太多的定式思维，你可以趁此时培养他的想象力和创造力。当孩子玩玩具时，你可以先让他自己探索一番，捕捉他的创意玩法。

有一次，我给了女儿一套爱贝睿情绪管理的桌面游戏。玩法有点儿像《大富翁》，掷骰子，在地图上行棋，停在哪里，就按照地图上的提示翻卡片，完成任务。女儿看到五颜六色的卡片，就被吸引住了。我不急着给她讲解规则，而是看她怎么玩。女儿翻了一会儿，发现卡片可以分为红、黄、蓝等颜色，于是做了归类。后来她仔细看了卡片上的图片，发现那些相同颜色的卡片上面的人物图片表达的都是同一种情绪。她很兴奋地告诉我这个发现，并且跟我解释图片的内容。

你看，这次是我女儿自己发现了卡片分类的可供性！如果我一开始就告诉她玩法，她就不会自己去归纳总结桌游的各种可能性了。

跟孩子一起玩平行游戏

一两岁的小宝宝享受一个人玩游戏的时光，对同伴没有什么反应。到了两岁多，孩子才会从这种独立游戏的状态，渐渐发展到平行游戏，也就是愿意跟同伴一起玩游戏，但可能双方仍然互不交流，只是默默地坐在一起玩玩具。到三四岁的时候，孩子慢慢发展到更高级的联合游戏或者合作游戏的状态，这时候才会出现更多的合作、交流和更复杂的游戏。

> 一两岁的孩子需要自己去探索学习。孩子专心探索时，你不断跟他说话，会打断他的专心。如果你实在想介入，最好的方式是靠近孩子，跟他一起玩平行游戏，也就是在孩子旁边玩类似的游戏，但并不影响到他。

比如1岁的小爱在玩布娃娃，妈妈看到了对她说："你在跟布娃娃玩啊。"不过，妈妈并没有加入游戏，而是边暗暗观察小爱的行为，边做自己的事情。过了 10 分钟，妈妈发现小爱在重复拍打布娃娃的头，于是她走到小爱面前，找了个娃娃跟小爱一起玩。妈妈抱了抱、亲了亲布娃娃，小爱见状，也亲了亲自己的娃娃。

你看，妈妈没有立即加入游戏，而是跟随小爱的步调，等待时机提供支持。当发现小爱只会重复地拍打娃娃时，妈妈不是直接纠正，而是用平行游戏的方法，加入到孩子的游戏中，用自己的行为潜移默化地影响孩子。

为什么要用平行游戏的方法呢？首先，通过平行游戏这种方式，孩子可以感受到你对她的认可与支持。此外，她也可能注意到你是如何玩玩具的，从而学到不同的游戏方法。孩子虽然不懂怎么和你打招呼、合作玩游戏，但她可以观察你在做什么。虽然嘴上不说，但她的身体很诚实，会默默地模仿你的玩法，学习新技能。模仿学习，或者观察学习，是人脑的重要学习机制，对小宝宝来说，更是如此。

所以，低龄宝宝玩游戏的时候，在保障安全的前提下，不需要过多干涉，你需要做的是陪伴和示范，这个时期身教要大过言传。

恰当地干涉和引导

什么是干涉的恰当时机呢？如果孩子到了三四岁，还经常独自游荡、发呆或只是旁观别的小朋友玩玩具，不跟别的孩子互动，或者他想跟小朋友玩游戏，但还不能很好地跟他人合作，这都是他在游戏中遭遇困难、需要帮助的信号。我们可以通过提问或提示线索，给孩子一些建议或示范。

比如，你可以有意识地让孩子和小朋友们玩轮流游戏，比如互相传球。让孩子把球滚给小伙伴，在接球和滚球的过程中跟他说："我们接到球啦，现在我们把它滚到那边去吧。"当然，在这个过程中，孩子可能会拿着球不愿意放手，你需要耐心启发，告诉他球过去了之后还会传回来的，让孩子体会到配合的乐趣。

> 有技巧地帮助孩子，恰当地干涉和引导，能让落单的孩子回到群体中来。

别忘了，孩子从社交活动和社交游戏中能学习到很多技巧，我们需要帮他们融入集体游戏中。

搭建脚手架，提高游戏的复杂度

大人的介入还能够适当地提高游戏的复杂度。曾经有家长跟我说："我家孩子玩游戏，只会重复相同的游戏。"听到这里你可能想，刚才说了，这是不需要介入的情况。别着急，后面还有一句话："我看到跟他同龄的孩子都能专注地玩比较复杂的游戏了，我家孩子还是反复玩那几个游戏。"听到后面一句，你要改变想法了。如果同龄的孩子都能玩比较复杂的游戏了，说明孩子已经有能力进行复杂的游戏，但是他被简单的固定化游戏套牢了，这时候就需要你介入了。

有的孩子一直玩小车，满屋子跑，过一会儿就玩腻了。你可以给他搭建脚手架，丰富他的玩法。比如拿一个小板凳，告诉他这是隧道，问小汽车能不能开过来。

有些孩子兴趣很单一，是恐龙控、汽车控。你可以从这个兴趣点出发，拓展孩子的兴趣。这也是在给他搭脚手架。比如，如果恐龙穿衣服，三角龙的衣服大，还是梁龙的衣服大？这就涉及了数学。霸王龙抢走了三角龙的宝宝，三角龙哭得很伤心，怎么办？这就涉及了情绪管理和问题解决。

还有一个原因你可能想不到，那就是家长给孩子玩游戏的时间太短了。有的家长怕孩子玩游戏拖延，习惯催孩子，"快点快点，玩 15 分钟就收拾玩具了"。殊不知，游戏时间的不足，会造成孩子的情绪紧张，最终影响玩游戏的质量。

我这里说的是针对比较低龄的儿童。研究发现，在相同情境下，在较短的 15 分钟的游戏时间里，儿童会表现出较多的无所事事、旁观、转换、平行游戏等比较低层次的游戏行为；而在较长的 30 分钟的游戏时间里，儿童会进行较多的合作游戏。

> **想要提高儿童游戏行为的层次，我们应该保证孩子有充足的时间来玩游戏。**

那多长时间才算充足呢？对于 4 岁以下的孩子，他们的注意力保持时间比较短，半小时以内的游戏时间是比较合理的。4~5 岁的孩子，30~50 分钟的游戏时间比较合适。至于 5~6 岁的孩子，则可以安排 1 小时的自由游戏时间。如果给孩子玩游戏的时间不够多，影响了孩子玩游戏的质量，你就需要重新安排孩子的游戏时间了。

Dr. 魏的小叨叨

　　孩子天生爱玩游戏，而且他们就是在游戏中学习的。我们应该给孩子提供合适的玩具和环境——该玩哪些玩具，这些玩具该摆在哪些地方，具体如何摆放，都有讲究。第一，玩具种类要均衡，建构类玩具、多功能玩具、体感游戏、音乐节奏类玩具等都要准备一些。第二，要根据孩子的特殊情况，做空间区分，比如分成"动区"和"静区"，而且不要把所有玩具都堆在表面上，适当控制环境里的"刺激"，这有利于孩子集中注意力。第三，玩具的摆放要有规律，你可以跟孩子一起研究怎么摆放、怎么分类。第四，可以给孩子准备一个属于他自己的"秘密基地"，也就是他能独处的小空间，这样有利于孩子的发展。

　　除了玩具和环境，适当地参与和引导儿童游戏也很重要。要想参与儿童游戏，必须先观察。对于低龄宝宝，不适合过多干涉他的游戏，要允许他自己探索，或者用平行游戏的方式，潜移默化地加入到他的游戏中。孩子到了三四岁，你可以开始给他一些游戏建议或示范，比如用搭脚手架的方法，推动孩子去参与比较复杂的合作游戏。

|6| 带孩子逛博物馆，重点看什么？

我很喜欢带孩子去逛博物馆，但是在博物馆里面，经常会看见很多家长非常努力地想让孩子多学点知识。在我看来，如果逛博物馆只是简单地让孩子背知识点，这种做法非常低效。比如有一次我带女儿去海洋博物馆，看到一位家长，带着跟我女儿差不多大的女孩儿，走完一个展区就问一次："刚刚这个鱼叫什么？它产于哪里？它属于什么科、什么目？"

这样带孩子逛博物馆，可就错了。那么到博物馆到底看什么？怎么才能让孩子收获最大？

●观察思考比记知识点更重要

博物馆，听起来就像是把所有东西都集聚在一起的地方，所以很多人觉得要在里面学习知识。但是你看博物馆的英文 Museum，它的词根是 Muse，就是古希腊神话里的女神缪斯，她是能给人灵感和启发的文艺女神。对于小孩子来说，博物馆里的东西是具象的，孩子更容易被实物所吸引，这比他们平时从书本中得来的兴趣要强烈得多。

孩子从博物馆回来之后，可能会对其中一样东西特别感兴趣，开始在家里大量查看相关图书和资料。

> 博物馆不完全是一个充满知识点的地方，而是激发孩子的兴趣、灵感的场所，是学习思维、学习探究精神、学习保护孩子好奇心的最好地方。

在我看来，去博物馆有几个特殊的意义：一是学习科学思维，激发孩子的探索精神，点燃他的好奇心；二是激发孩子对某个学科的兴趣，很多科学家梦想的起点就是博物馆。很多设计得很好的博物馆，专门为激发孩子的兴趣设计了很多小机关，这样孩子就更容易产生兴趣了。

所以，不要陷入一个误区，以为进博物馆就是教孩子知识，背很多植物和动物的名称或历史数据。很多小孩确实背了很多知识，这些知识也是有用的，但他们只接受知识，从不问为什么。而我更推崇的，是会问为什么的能力。我自己看到一个装置之后，特别喜欢琢磨它的原理是什么，为什么要这么设计，这也有利于发展我的创新思维。

──● 带着"为什么"去博物馆

如果只是带孩子去博物馆，让他看看几个石块几根木头，这些孤零零的知识孩子完全无法联系起来。比如去人类历史馆，能看到人类不同的祖先和近亲的模型。可以让孩子带着几个问题去看这些东西，比如：你觉得人类更像是从哪一种近亲起源而来的？你觉得一些古人类灭绝的原因是什么？带着这些问题去博物馆，孩子就能搜集到更多相关的资料了。

> 逛博物馆，重点不是记住多少知识点，而是看孩子观察、思考了多少，一定要有一个问"为什么"的过程。

我在北大的教学也是这样，我一开始会问学生一些启发性的问题，然后我只提供知识材料，学生带着问题，慢慢就能找到答案。

你可能觉得自己不是博物馆馆长，也不是专业人士，对博物馆问不出什么好问题。其实学会问问题不需要你有很多知识，只需要你花一点时间提前了解情况就可以了。

你想想，全家人去博物馆，从出家门到买票到全天待在一起，这在时间上、金钱上都是很重要的投资，那怎样才能把这件事情做得更好？如果多花二三十分钟，去博物馆之前搜索一下，就可以提前了解这个博物馆有什么展品，并准备出一些问题。这些问题你甚至不需要知道答案，只要带着问题开开心心地跟孩子一起去寻宝就可以了。因为你的目的不是让孩子记知识点，而是为了激发他的兴趣，教会他探索精神和科学思维。这才是高质量的陪伴，才是逛博物馆的正确方法。

所以，我建议你这个周末去博物馆时，不仅带着孩子去，还要带着问题去。一方面你应该提前准备问题，另一方面，随时向孩子提问，引发他的思考。

比如，我带孩子去海洋博物馆的时候，并不是要她记鱼的名称、产地。说实话，那些信息连我都记不下来，又怎么能奢求 5 岁的孩子记住呢？相反，我引导她注意这些生命本身："咦，你看这条鱼，不停地在游，游得好快啊，那条鱼却停在水里，一动不动，为什么呢？"女儿就会趴在水池的玻璃上，用心地看这些鱼，一看就看好久。然后，她说："那条鱼是小鱼，所以它必须游得很快，不然就会被大鱼吃了。这条鱼是大鱼，它不怕其他鱼来吃它，所以它不用游得很快。"我说："很好，你这个想法很有意思，不过你看旁边那条小鱼，它也很小，为什么它也游得很慢，不怕其他大鱼来吃它呢？"女儿就愣住了，又趴在玻璃上仔细看。这就是一个引发她观察和思考的过程。

● 尽量带孩子去能"动"的博物馆

你应该尽量带孩子去能"动"的博物馆。这个"动"，可以是说展品本身是"动"的，比如海洋生物博物馆，或者是像机械博物馆那样，孩子可以玩那些机械设备，他按一按这个杠杆，再按一按那个杠杆，很直观地就能感受到"杠杆原理"：我按的这边长度越短，需要的力气就越大。或者，像航空航天博物馆，孩子可以坐在机舱里，假装自己是飞行员，模拟驾驶也能让他玩得不亦乐乎。

一般来说，孩子对那些会动的，尤其是能互动的东西更感兴趣，因为孩子可以对会动的东西进行更多的观察，产生更多的假设，然后随时用新的事实来验证。而能够互动的东西就更好了，孩子可以摸摸这个，按按那个，这其实跟科学家做实验是一个思维模式，孩子在试着改变这个变量、改变那个变量，看看结果会有什么不一样，孩子可以很容易地从中推导出正确的结论，这是最好的科学实验课。

当然，如果孩子对"静"的东西感兴趣，喜欢在一件古代工艺品前看上半天，那也很好，要尊重他的兴趣。我要强调的是，对于小孩子来说，最重要的不是他在博物馆里掌握了多少知识，而是让他对这个领域本身产生兴趣。

Dr. 魏的小叨叨

我们应该多带孩子去博物馆，但重点不是记忆知识点，而是要引导孩子观察、思考。所以，我提倡带着问题去博物馆，你可以事先准备好几个问题，让孩子到博物馆里去找答案，也可以在博物馆里看到不同的现象时当场给孩子提问。为此，去一些能"动"的博物馆会更有效。最重要的是尊重孩子的兴趣，让他多观察、思考他觉得好玩的东西。这样逛博物馆，对孩子的长久发展才最有利。

你可能也发现了，带着问题去寻找答案，去实验验证的思维，不仅适用于带孩子去逛博物馆，也适用于你在日常生活中潜移默化地培养他的科学思维，因为孩子都是天生的小小科学家。希望所有孩子都可以从博物馆中得到最好的成长！

育儿魏来答

Q1: 如何给孩子挑选玩具？

家长：我的女儿 25 个月大，现在能自主玩假装游戏，如扮演医生，能对一些生活物件进行简单想象，如把妈妈的发卡戴在脖子上当听诊器。从年龄上说，假装游戏是孩子最好的社会情绪体验，作为妈妈，一方面要极力配合、鼓励孩子，提供一些游戏的玩具，另一方面，我觉得能借物件产生想象也是弥足珍贵的能力和习惯。可是，到底是买现成的玩具，还是鼓励孩子借已有材料想象使用呢？求解答。

Dr. 魏：选玩具没有绝对的合适或不合适，但正如你所发现的，玩具和孩子的语言、想象力发展大有关系。有研究发现，孩子玩声光电玩具时，注意力会被玩具强烈的刺激所吸引，但与大人的交流以及创新的玩法比较少。建议这类玩具少买一些。

1 岁半到 6 岁的孩子，最喜欢的游戏是假装游戏。把发卡戴在脖子上当听诊器，就是假装游戏的表现。假装游戏对孩子的语言、想象力大有好处。对于 2~3 岁的低龄宝宝，可以多用仿真玩具，比如娃娃、扮家家酒的厨房玩具等。但也不要过于精细，比如娃娃的角色、表情都十分明显，孩子就没有发挥的余地了。这有点儿像中国古代的山水画，要适当留白，才有想象的空间。对于 4 岁的孩子，既有仿真玩具又有非仿真玩具比较好。对于 5~6 岁的孩子，只给非仿真玩具，能让孩子开展更多语言游戏和假装游戏。非仿真材料包括一些盒子、纸板、积木和橡皮泥等。

Q2：错误打压孩子的兴趣之后，如何让孩子重新爱上画画？

家长：孩子 1 岁多刚开始接触画笔的时候，很兴奋，拿着笔在纸上画，在沙发上画，大人都挺受不了她把家里画得乱七八糟，就收了笔。现在她 2 岁了，再把笔拿出来让她画，她也只是在纸上画两下就不画了，老让妈妈画，似乎以前画画的兴趣被打压掉了。怎么才能让她重新爱上画画？

Dr. 魏：借用一句名言，教育就是一棵树摇动一棵树，一朵云推动一朵云，一个灵魂唤醒另一个灵魂。让孩子喜欢画画，不是扔支笔给她，画吧。你可以试试，自己画起来，让她觉得这是好玩的事情，她愿意看就是感兴趣的表现。然后再循序渐进，让她参与进来。你可以跟她说："宝宝，你帮我蘸红色。"或者："宝宝，你画这边，我画这边。"

对于 0~6 岁的孩子，画画更多的是他们认识颜色、自我表达的方式，强调"对不对""像不像"，很容易打击孩子画画的积极性。

另外，记得不要画成人式的画，而是向孩子的涂鸦特点靠近。否

259

则，孩子会想：妈妈画得这么好，还是看她画好了。

乱涂乱画，天马行空，孩子更愿意动笔。

Q3：如何引导孩子问问题？

家长： 我家孩子被问到的时候，经常会习惯性地回答："我不知道！"这时我会说："那我也不知道，怎么办？我们要不要一起找答案呢？"他就不愿意了。怎么办呢？

Dr. 魏： 儿童的答案质量往往和问题质量直接相关。孩子说"不知道"，可能是这个问题超出了他的知识范围；又或者是问题过于发散，他不知道从哪个角度回答。如果想要孩子和你一起探索，首先要引起孩子对这个问题的兴趣。家长可以把问题与孩子已有的知识和经验关联起来，引发孩子的预测："如果……你觉得会怎么样？"寻求他的进一步解释："为什么你觉得会……呢？"鼓励孩子创造性思考："如果生活中不是……这样，会发生什么？"伴随着家长的问题引导，孩子的回答也能更有方向、更具体。

第 5 部分 创意脑

★ 好奇心 ★

做"粉丝兼助理型"家长，给孩子反馈、鼓励、帮助和支持，保持孩子的好奇心

★ 玩游戏 ★

合理布置玩具角，家长积极参与并引导孩子做游戏

★ 创造力 ★

鼓励自发性假装游戏，编剧、表演时帮孩子扩展提升，激发创造性思维

★ 直面挑战 ★

引导定义困难，调整任务难度，鼓励解决问题

★ 兴趣学习 ★

归属感+自主感+胜任感，提高内在动机；刻意练习突破瓶颈

第 6 部分
育儿育己

科学的养育在家庭

　　我一直强调"育儿育己"，养育孩子的同时，也是家长成长的好机会。所以我专门增补了一个"育儿育己"部分，针对家长最关心的几个问题做了讲解，比如家长该如何给孩子高质量的陪伴；家长要如何控制自己的情绪；面对孩子提出的买礼物的要求，应该如何借机教育孩子；如何提高孩子的安全意识；如何统一家庭成员不一样的教育理念。看完这些方法，你还可以根据自己家的实际情况举一反三，灵活变通。

　　说到底，做家长没有捷径。有些家长只想着复制，看到别人怎么做他就怎么做，恨不得把孩子交给别人养育，这其实是一种偷懒。科学养育，需要你多花时间陪孩子，多花心思观察和了解孩子，在相关科学知识的基础上，针对自己孩子的实际情况做出行动。

　　记住，你就是孩子模仿的对象。如果想要孩子多运动，那么你也要多运动；如果希望孩子更爱阅读、更爱学习，那么你也要经常阅读、经常学习。教育方式，其实就是一种生活方式。希望广大父母都能把科学养育融入日常生活中，养出聪明宝宝、未来宝宝。

|1| 在家就能玩的小游戏，给孩子高质量的陪伴

前面我们讲了，家长的陪伴是最重要的，你就是孩子最好的兴趣班。很多家长抱怨自己太忙，没时间陪孩子，但在我看来，更大的问题是家长并不知道怎么陪孩子玩。我看到过假期里一家三口都做低头族，大人玩手机，孩子玩平板电脑，全程无交流。还有些家长平时不陪孩子，一到假日就把孩子往各大儿童游乐场所送。这样看上去孩子好像获得了实打实的、整块的玩乐时间，大人也乐得轻松一下，但这些不一定是高质量的陪伴。

那么，怎样才能给孩子高质量的陪伴呢？

—● 什么是高质量的陪伴？

高质量的陪伴就是，保证有一段陪孩子的特殊时间，这段时间是你跟孩子一对一相处的时间，这期间你不是太有目的性地想要教育、训练孩子，而是给孩子有温度的爱，敏感地关注他的需求，表达对他的积极想法和感受。

比如，陪孩子的时候，放下工作，放下手机，关掉电视和电脑，甚至不进厨房，不进书房，全身心地跟孩子互动玩耍。假期的时候，你可以和孩子读书、聊天、玩玩具，也可以出去走走逛逛。

同时，我们也需要敏感地关注孩子的需求。比如我女儿在刚学会独自睡觉时，有好几次突然开始黏人，不肯自己睡，讲道理也不行。这时候我没有责备她，而是诱导性地多问了她几次，才明白她是对关灯一个人在黑暗中感到害怕。为了不打断她学习独自睡觉的过程，我连续好几天在她床边陪着她，看着她睡觉，让她知道爸爸就在身边。后来，我又给她开了一个小夜灯，让房间里不是完全黑暗。这样她才慢慢地过渡到自己分房独立睡觉。很多时候孩子不听话，不按你讲的大道理去做，其实他们都有一些在大人看来奇怪的理由。

> 我们需要对孩子的需求（包括各种心理需求）保持敏感，多听，多看，多想。这种敏感是渗透到陪伴他们玩乐的每一次互动中的。我们及时、有针对性的回应，就是高质量的陪伴。

很多人觉得带孩子应该放松点，让孩子自己去玩吧。当然可以，但是要注意两点：第一，不要把孩子交给大大小小的电子屏幕；第二，要给孩子高质量的一对一陪伴，这样的陪伴不在多，而在质量。

──● 不要把孩子交给大大小小的屏幕

孩子很容易被各种电子游戏吸引，尤其是各种假期期间，孩子经常会对着大大小小的屏幕玩个不停，而且相当专注。

过多的屏幕时间肯定是对孩子不利的。我们可以考虑给孩子一些简单的工具或者玩具，或者让孩子走进大自然，跟大自然交流，这些活动应该占据孩子的大部分假期时间，而不应把孩子交给电子屏幕。

──● 陪伴不在多，而在质量

有人认为，我多跟孩子待在一起就可以了。其实，不是陪孩子的时间越多就一定越好。美国的研究发现，从 30 多年前开始，父母每周陪伴孩子的时间一直在增加。1985 年，妈妈平均每周陪孩子的时间是 8.5 小时，爸爸是 3 小时；而到 2010 年，妈妈陪的时间提高到 13.7 小时，是原来的 1.6 倍，爸爸则是 7.2 小时，是原来的 2.4 倍。

虽然这是美国的数据，但是对我们也有借鉴作用。其中有一点很重要，整个社会陪孩子的时间都大幅增加了，但是结果并不像很多人想的那样，陪伴时间越多效果越好。相反，一些研究表明，最重要的不是陪伴的时长，而是陪伴的质量。2016 年，加拿大多伦多大学的科学家发现，妈妈的陪伴时间和孩子未来的行为表现、情绪健康以及学业成绩没有关系。对孩子无益的反而是妈妈不好的状态，比如压力大、睡眠不足、内疚和焦虑，特别是负面情绪很容易传递给孩子，这些对孩子的发展是不利的。

所以，如果你陪孩子的时候总是心不在焉，想着自己的事情，时不时点开手机看消息，或者在孩子面前发泄负面情绪，或者形式性地陪孩子玩一下，不能觉察孩子的需求，对孩子做出积极的回应，这样的陪伴都是不及格的。

> 看孩子的状态就知道你的陪伴有没有达标。如果孩子是无聊的、焦虑的，那么你的陪伴可能出了问题；如果他是专注的、放松的、开心的，那么你的陪伴就会对他产生积极的效果。

那么怎么更好地陪孩子玩呢？我之前提到过很多实用性强又好玩的小游戏，这里简单梳理一下，希望孩子在其中既能享受美好的亲子时光，又能有所收获和成长。

智力"刺激"游戏

我反复强调"大脑的可塑性"，塑造大脑可以靠给孩子提供各种各样的"刺激"。你可以带孩子去博物馆，去大自然。另外，也可以利用家里的场景和小道具，让孩子探索。这样，孩子不会只有面对新的刺激时才提起兴趣，看到熟悉的事物也不会自动放弃探索，对耳熟能详的事也能一直保持好奇心，能提出新的看法和创意。

比如，跟孩子合作搭建一艘玩具船，但是所有用到的部件都要是家里现成的材料，让孩子自己去找。比如空盒子可以做船舱，吸管可以做桅杆等，这就是在鼓励他找到熟悉物品的新特点。这样孩子更容易意识到，一般的事物其实并非只有一个目的或一个用途，而是可以灵活地组成新事物。

类似地，给孩子买玩具的时候，尽量少买那种只有一两种确定玩法的玩具，多买些具备开放式玩法的玩具。比如积木、黏土、磁力球之类，这些玩具都要求孩子自己琢磨玩出新花样，没有标准玩法。

数学游戏

我在日常生活中很喜欢用游戏的方式跟女儿做数学计算。比如，她小的时候，我跟她用纸牌来算 10 以内的加减乘除，就是让她想想怎么用这几张牌算出 10 来。更大一点后，就可以玩大人玩的算 24，把数学嵌入游戏。我女儿特别喜欢玩，数学能力也提高得特别快。

我和女儿还爱玩卖菜的游戏，我当菜贩，她来买菜。我把塑料蔬菜都标上了价格，黄瓜是 2 元一根，煎鸡蛋是 5 元，西红柿是 1.5 元。她兜里有一堆硬币总共是 15 元。我要求她自己来挑菜，但是最后加起来，花的钱不能超过她手中的钱。这样的游戏让女儿觉得自己学习的算术是有用的，而且每次给出总数字时，我都会给她鼓励的反馈，这让她玩得更加投入。当然，不知不觉中，她就学会了加法和乘法。

假装游戏

想帮助孩子整合情绪脑和理智脑，假装游戏是一个好方法。在假装游戏里，孩子不再关注自己的想法，而是要努力去想象别人在这个情况下会怎么想、怎么说、怎么做，这对培养孩子的同理心和社交能力都大有帮助。

两岁的孩子已经可以有计划地玩假装游戏了，能坐在一排小椅子上当火车司机。平时在读绘本的时候，你可以跟孩子一起玩假装游戏。让孩子挑一个他喜欢的故事，你们分配好角色，一边演一边讨论角色的想法和感受。

还可以利用游戏"还原"孩子与其他人有冲突的场景，帮助孩子理解别人。比如，孩子在幼儿园里抢别人的玩具，争执哭闹了。回来之后，你可以跟孩子玩假装游戏，假装是小狐狸抢小兔子的玩具，孩子扮演小兔子，你来扮演小狐狸。让孩子体验一下玩具被抢时的心情。鼓励孩子想想：如果小狐狸想玩玩具，还可以怎么做？从这种第三方的角度，孩子更能体会"是什么感觉"，理解"为什么"，也更愿意思考"该怎么做"。

如果你的孩子害羞，你想培养他的社交能力，让他变得更开朗大胆一些，那么一群孩子在玩游戏的时候，你可以担任"介绍人"。假设小朋友们在玩医生和病人的假装游戏，你可以对自己的孩子说："你愿意做一个新病人吗？"然后跟扮演"医生"的小孩说："医生，你今天很忙啊，又来了一个新病人，问问他哪里不舒服。"这样，通过假装游戏，自然而然就把自己的孩子介绍到游戏里了。

亲子互动阅读

语言不能只拼数量，还要注意给孩子输入语言的质量。到底要怎么说呢？除了日常生活中跟孩子的对话，绘本是一个非常重要的工具。优秀的绘本，语句朗朗上口，有韵律，句子在重复中又有变化，故事扣人心弦，图画和文字配合巧妙，非常适合作为语言学习材料。

除了读绘本之外，对于书里的故事，我也常跟女儿玩猜情节的游戏。

我："哇，大灰狼把第二只小猪的房子也推倒了。我们来猜猜看，这两只小猪该怎么办呢？看谁能猜对。"

我女儿会猜："它们会跑到第三只小猪那里去！"

我说："嗯，我猜它们会投降，跑出来说，'狼大爷，你太厉害了，我们就给你吃了吧'。"

女儿听了哈哈大笑。我翻过书来一看，装作惊奇的样子说："啊，你猜对了，它们果然是跑到第三只小猪那儿去了，你猜对了！"

这时候我女儿就特别高兴。这样一来，她就会觉得，自己理解故事的能力还挺强的，以后就会更喜欢读书了。

精细动作游戏

精细动作，别看它只是个小动作，但是小动作能促进大脑瓜，因为建立或展现认知能力的大多数活动都涉及精细动作能力。对于小一点的孩子，你可以让他给娃娃穿衣服，或者更简单，就是给玩具熊披上一件衣服。等他的手指更灵活了，再让他拉拉链、扣扣子。

当孩子对于形状和数字有了基本感知，会进行简单的描述，你就可以带着他一起玩剪纸游戏。不需要特别复杂，一开始可以是按照颜色或特定形状排列小纸片，或者观察某个图案里的规律，总之，目的是鼓励孩子发现和感受数学的规律美。剪纸图案不仅是几何图案，还与折叠、图形、二维图案和三维图案转换等空间能力有关，这些都和数学相关。对于大一些的孩子，鼓励他们自己设计有规律的花边、图案。注意，不需要让孩子按照什么特定的图纸来剪，而是鼓励他自己创造，自己发现规律。你要做的是一心一意地配合孩子，当他感到困难时推一把；当他创造出新图案时，问问他为什么要这么做，鼓励他的思考和创造。

有氧运动

有氧运动能增加大脑的肥料——脑源性神经营养因子。什么是有氧运动呢？一般情况下是指运动强度不太高，持续时间比较长的运动，像跑步、跳绳、拍篮球和投篮、游泳、划船、爬山等。基本上，你都可以跟孩子开奥运会了。奥运会的英文是 Olympic Games，其实就是游戏（games），所以你就跟孩子以玩为主，这是最能激励他运动的方式。

我特别推荐骑自行车。孩子 3 岁之后就可以骑三轮车了，5 岁以后就可以骑带辅助轮的自行车了。自行车是个特别好的运动工具，因为孩子会很喜欢那种平衡感的挑战，以及自己用力蹬啊蹬，蹬出速度的感觉。当然，这个时候一个头盔是必不可少的。

发散性思维游戏

发散性思维游戏需要向孩子提问题，这些问题没有标准答案，需要孩子打开脑洞。

你可以用日常生活中一些常见的物品来向他们提问，比如，一个可乐罐，除了装可乐之外，还有什么其他用途？一块砖头，除了做建筑以外，还能干什么？一本书，除了传递知识之外，还能干什么？你还可以随手拿起眼前的一样物品，用它当道具，轮流做一个动作来进行发散性思维游戏。

在玩的过程中，请记住，孩子的创意会随着熟练掌握、适当的引导发挥出来。不要太着急，孩子一开始可能不会"独创"，只会模仿，也没有关系。你需要做的是，尊重他的想法，允许他出现错误，保持一种安全的、信任的气氛，帮助孩子认识到自己的创造能力。

音乐游戏

虽然我澄清过光听莫扎特的音乐无法让孩子变聪明，但是研究发现，如果让孩子在听音乐的同时打节拍，每天只要 20 分钟，足以影响孩子的记忆、语言、注意力等认知能力。

我们可以在家里跟孩子玩打节拍游戏，听音乐或唱歌的时候，鼓励孩子对应着节奏拍手或者跳舞。我其实不常给孩子唱歌，除了哼《摇篮曲》以外，《小兔子乖乖》和《小燕子》是我反复唱的，专门用来给孩子催眠。但是，我喜欢给孩子打节拍，无论是她想跳舞的时候，还是有音乐响起的时候，我都给她打节拍。

也可以让孩子把节奏转化成音乐，比如你先打出一个节拍，或者创造一个场景，让孩子根据这个节拍唱歌、跳舞或者玩乐器。这种跟音乐的相互作用，能够鼓励孩子用新的、不同的方式去思考音乐。我喜欢和孩子玩"下雨了"游戏，就是我让孩子根据我说的话，来拍手、跳舞或者自由弹琴。我说："现在想象，叮咚叮咚，开始下雨了。"孩子开始打出一些简单、缓慢的节拍。我说："雨越来越大，变成暴雨了。"孩子可能跺脚跺得更快了，敲鼓敲得更急了，或者弹琴弹得更快了。

> 当孩子拍手、跳舞或者弹奏的时候，这些节奏和速度发生剧烈的变化，有助于锻炼他们的注意力和协调能力。

Dr. 魏的小叨叨

陪伴孩子不仅求量，更要求质。如果你每天只能陪孩子一个小时，那么就给孩子一个小时的高质量陪伴。不要把孩子交给电子设备，也不要寄托于游乐场。大人给孩子的一对一的积极关注和温暖的爱，是最好的陪伴，能促进孩子各项能力的发展。我列出了 8 种实用又好玩的小游戏，你在家随时随地可以陪孩子玩，这些游戏能从智力、情绪控制、运动能力、语言能力、创造力等方面促进孩子发展。

|2| 忍不住对孩子发火怎么办？家长的情绪管理课

一位妈妈给我留言，说她对孩子发火了。"我一夜没睡好，因为揍孩子了。他晚上 10 点多钟还一直瞎闹腾，在床上跳来跳去。我俩商量好讲个故事就睡觉，可他听完却耍赖，要我再讲一个。我说不行，他居然打掉了我的眼镜。哄他睡着之后，我还得洗衣服，收拾屋子，所以心急火燎的，一下子火气就上来了，吼了他一顿，还噼里啪啦打了他的屁股几下。后来他做梦的时候，还抽泣了几声。我非常自责，想起自己小时候挨打的事，我变成了自己讨厌的那种人。这会不会给孩子留下心理阴影呢？"

不知道你有没有相似的烦恼？本节就来分析一下遇到这种情况该如何应对。

——● 正常人都会发火

首先，我想说的是，发火这件事不是什么不能原谅的错误。正常人都有情绪，有正面的、积极的情绪，比如快乐，也有负面的、消极的情绪，比如愤怒。

实际上，每种情绪对于人的生存和发展都是有用的。就拿愤怒来说，愤怒让我们能调动资源，对付威胁，捍卫自己的利益。仔细想想，孩子"耍赖"、打掉眼镜，也是越过了妈妈的心理"边界"。当然，妈妈愤怒发作也可能因为其他因素，比如脏衣服堆着没人洗、家务活太重、白天在公司的工作出了差错等。

情绪有一个特点，就是来得特别快。当代不少心理学家把人脑中进行的运算分为两种：I型信息处理，II型信息处理。

情绪触发就是典型的I型信息处理，由皮层下结构主导，它非常自动化、快速而且不假思索，和人的膝跳反射一样。情绪反应的抑制和控制，是理性思考能力，需要II型信息处理帮忙，这通常是前额叶的工作。前额叶主管推理、决策、自我控制等，需要调动很多认知资源，处理起来比较费劲。

> 孩子调控情绪的能力有限，主要原因是其大脑各个部分的发育并不是同步的，负责情绪激发的皮层下结构发育较早，而负责讲道理的前额叶发育较晚，要到20多岁才完全成熟。

爸爸妈妈有足够的理性处理情绪，但是孩子很难做到。如果你不小心对孩子发了脾气，那就直接面对这件事，正确处理它，这样才不会给孩子留下阴影，也不会破坏亲子关系，不必因此过于自责。那么，应该怎么处理呢？

——● 发火之后正确处理，不会破坏亲子关系

对孩子发火之后怎么办？记住这三个词：道歉，接纳，回顾。

首先，当你意识到自己在发火，那么冷静下来之后，别忘了跟孩子道歉。千万不要不好意思，你教孩子做错事要道歉，自己也一样。比如前文提到的那位妈妈，在回过神来之后，可以蹲下来或者坐下来，总之跟孩子保持在同一水平线上，拥抱孩子，看着孩子的眼睛，真诚地向孩子说"对不起"。

然后，接纳孩子当下的情绪，听听孩子的心声。你对孩子发火，他也许会大哭大闹，也许会攻击你，因为他心里也充满负面情绪，可能害怕，可能愤怒。你应该接纳他的所有情绪，允许他哭泣，允许他尽情地控诉你，允许他说多么不喜欢你刚才的行为。如果他说"我讨厌妈妈"，恭喜你，孩子的理性脑正在击退情绪脑，因为语言是典型的 II 型信息处理，是一种理性思维能力。

当孩子的情绪平复一些时，你可以跟他一起回顾刚才的"事故"，告诉他你当时的想法，解释你为什么发火，说说孩子踩到了你的哪条"边界"。还是以这位妈妈为例，她可以告诉孩子："我很希望你按时睡觉。如果一直给你讲故事，我就不能洗衣服。我很累，我想做完家务也早些睡。你不肯睡觉，我有些烦躁。而且我特别不喜欢别人碰我的眼镜，所以当你碰掉我的眼镜时，妈妈就生气了。"这样能让孩子理解，妈妈发火是有原因的，生活还是可控的。要是孩子莫名其妙地挨了一顿打骂，又莫名其妙地得到安抚和补偿，他会感觉不知道雷区在哪儿，没有安全感。

最后，记得安慰孩子。也可以邀请孩子当你的顾问，请他给你出主意，下次遇到类似的情况你该怎么办。这样就把一次发火"事故"变成了情绪调节教育的机会。

——● 怎样可以做到不乱发火？

上面说的是发火之后怎么处理，但经常发火不仅对孩子有负面影响，对自己、对家庭关系也有损害。你一定希望少发火吧？这就要聊到"情绪调节"这个话题了。虽然说人人都有情绪，但每个人的情绪调节能力差别非常大。正确地认识情绪，恰当地调节情绪，是一个人非常重要的能力表现。接下来我就说说怎样可以做到不乱发火。

有人说，忍啊！"忍"的确是一种调节情绪的方式，术语叫"表达抑制"（expression suppression）。当情绪产生之后，你调整自己的行为，比如即使感到愤怒，也不去骂人、打人。从表面的行为看，这有效果，你没有发作暴怒，但从大脑扫描的结果来看，采用表达抑制策略调节情绪时，人的腹内侧眶额皮层会被显著激活。也就是说，你的大脑还是认为当前的情绪刺激是负面的，这种负面情绪并没有真正消失。怎样才能真正减少负面情绪呢？在情绪发生的不同阶段，你可以采取不同的策略。

当你开始感觉有一点负面情绪的时候，不要忽视它，而要抓住它，问问自己，是什么让你不舒服。如果你发现了环境中让你不舒服的因素，就进行调整，"离开它"或者"改变它"。最简单的例子：孩子把牛奶洒在餐椅上，还用小手又拍又抹，你爱干净，见不得脏兮兮的场面，一看见火就往头顶上冒。这时你可以离开，请孩子爸爸或保姆来看孩子，你去其他地方；你也可以把餐椅收拾干净，改变脏乱的场面。

当你觉得马上就要失控的时候，可以给自己按下暂停键，换个环境，冷静下来。如果让情绪脑占据主导地位，你就变成了自动模式的机器，就会像神经反射一样去激发反应。你应该及时抽身出来，告诉孩子："我现在很生气，要去冷静一下。"这就打断了自动模式。可以去洗把脸，深呼吸几次，等情绪脑冷静下来，理智脑恢复后，再跟孩子沟通。

还有一种非常好用的调节情绪策略，叫作认知重评（cognitive reappraisal）。孩子用手抹洒了的牛奶，不是故意把餐椅弄得更脏来挑衅你，而是想探索牛奶这种物质的属性，他在认识世界；孩子不肯睡觉，老让你讲故事，因为他白天没见到妈妈，晚上想跟妈妈多待一会儿。这样想一想，你是不是对孩子就没那么生气了？

> **影响你的情绪的往往不是事件本身，而是你的解读。换个角度看待孩子的行为，可能就会发现他不是故意跟你作对。**

其实我已在前文告诉你，愤怒是人天生就有的情绪，也是在帮助你做认知重评，重新认识"对孩子发火"这件事。这件事可能让你产生了另一种负面情绪——自责。当你认识到，偶尔对孩子发火并不会造成不可消除的影响，如果处理得当你还可以把它变成情绪教育的机会，是不是就没那么自责了？研究人员通过扫描大脑发现，如果用认知重评来调节情绪，杏仁核和腹内侧眶额皮层的激活度都会降低，这意味着人的负性体验真正降低了。

当然，再重申一次，我可不是鼓励你随便对孩子发脾气。

最后，当怒火暂时过去之后，你要积极面对问题，采取可能的方式，消除让你愤怒的刺激源，降低以后愤怒的可能性。比如有些人饿了容易发脾气，那就注意及时吃东西。妈妈发脾气，有可能是因为太过劳累，下班回家还有一堆家务活要干，再遇上孩子"出状况"，就容易绷不住，这时就要想办法减轻压力，请孩子爸爸或其他人帮助带一带孩子，或请小时工来分担一些家务等。

如果一个人从来不对孩子发火，不太真实，我也做不到。

如果一个人偶尔对孩子发火后能恰当处理，足够睿智，相信你能做到！

📝 Dr. 魏的小叨叨

正常人都有情绪。有时候你一不小心没控制住情绪，对孩子发了火，也是正常的。但我并不是鼓励你随意发脾气，打骂孩子，无论是言语暴力还是身体上的惩罚，都会对孩子产生很大的负面影响。就像那位妈妈所说的，她发完火之后很快既自责又担心，害怕给孩子留下心理阴影，其实不会。

发火之后，要积极面对问题，跟孩子道歉，接纳，回顾。当然，家长也要做好情绪管理。要想让孩子控制好自己的情绪，首先家长要控制好自己，给孩子做出榜样。

|3| 安全意识：安全的陌生人和漂亮的坏人

——● 不跟陌生人说话就安全吗？

我们平时会看到一些拐骗和伤害孩子的新闻，有些是陌生人作案，还有些是熟人作案。面对这样的事，除了表示愤怒，家长还要知道如何对孩子进行正确的安全教育，以保护孩子免受伤害。

有的人认为，安全教育就是从小教孩子"不要跟陌生人说话""不吃陌生人给的糖"，其实这样太片面。

孩子每天的生活中，在小区、在路上会遇到很多人，这些人大多数是好的、正常的人，但也有例外。一些潜在的危险，可能来自陌生人，也可能来自熟人。可见，片面地教孩子"不要跟陌生人说话"不可取。另外，片面地告诉孩子"不吃陌生人给的糖"也起不到太大的作用，要是换成孩子喜欢的冰激凌、游戏机，孩子也可能被诱惑。

你可能会说，那该怎么办呢？世界错综复杂，好人坏人难辨，诱惑陷阱又这么多，难道我要一个一个教孩子辨认吗？其实不需要，如果一味要孩子死记硬背安全条例，难免会有漏洞盲区。下面就是两个常见的安全盲区。

安全盲区一："安全的陌生人"

很多人忽视的第一个盲点，是没有帮孩子认识"安全的陌生人"。我们常跟孩子强调不要跟陌生人说话，但这往往容易走向一个极端，让孩子理解成"不能跟任何陌生人说话"。其实，真遇到困难的时候，孩子往往需要向身边的陌生人求助，比如逛街时跟妈妈走散了，独自上学的路上被大孩子欺负等，这些时候他们应该主动寻找可能帮助自己的大人。家人不在身边，就只能找陌生人。所以我们也得教孩子，什么样的陌生人值得信任。

最常见的"安全的陌生人"要数警察。另外，公共场所的工作人员也比较值得信任，比如商场的售货员。平时我们在生活中，可以教孩子认识安全的陌生人。我和女儿走在路上的时候，我就会告诉她："那个叔叔穿着警服，在马路上指挥交通，他是交通警察，万一以后你出门时迷路了，可以请这样的叔叔帮助找爸爸妈妈。"你跟孩子一起逛超市的时候，也可以告诉孩子："那些穿着红色（或黄色）马甲的叔叔阿姨，在这里工作，他们是售货员；在收银机那里工作的，是收银员。如果跟爸爸妈妈走散了，可以请他们帮助你。"这里有一个原则，虽然这些工作人员的着装容易识别，但要跟孩子强调，一定要在他们上班的地点去求助。如果是在偏僻的地方，就算有穿着警服的人，也不可以信任，需要跑到公共场所，到人多的地方去。这一点我后面还会强调。

安全盲区二："漂亮的坏人"

第二个盲点，是"漂亮的坏人"。受到某些媒体的影响，一些小孩子可能会以为，"坏人"一定都长得很可怕，就像动画片里的"坏蛋"一样，吹胡子瞪眼，而那些看起来干干净净、说话温柔的人，就不是坏人。如果孩子有这种想法，其实很危险，不管坏人漂亮还是难看，危害都很大。所以我们要提醒孩子，只看一个人的长相并不能判断他是不是坏人，重点是看他的行为。更进一步说，潜在的危险有可能来自孩子熟悉的人。我们可能或多或少听过，很多侵害儿童的案件都是熟人作案。所以一定要提醒孩子，不要根据人的长相美丑，或者是跟自己的关系亲疏远近来判断是不是坏人，而要看人的行为有没有什么不对劲的地方。

● 锻炼孩子警觉力，提升安全意识

那么，家长如何帮助孩子抓住现象背后的道理，提升安全意识呢？

在认知心理学中，与安全意识紧密相关的一种能力称为警觉力。美国心理学家迈克尔·波斯纳（Michael Posner）认为，警觉力是注意力的一个重要组成部分，是一种持续关注周围环境、侦测周围信息的能力。

根据字面意思，你可能以为警觉力是对一类事情突然的注意，其实不是，心理学中的警觉力强调的是对整个环境长时间的监控。听起来好像很高深，但其实我们随时都在侦测环境，否则就无法留意突发状况。过马路的时候要注意左右两边的来车，这样有突发状况时我们

才知道躲避；走在路上的时候我们会一直注意路面情况，这样才能躲避地上的障碍物。我们大脑中的警觉器一直在运转，如果失灵了，就很容易出问题。

一个保持警觉力的孩子，知道熟悉的安全的环境、正常的人应该是怎么样的，也就知道什么环境、什么人的行为是不正常的。比如，孩子知道正常情况下大人只会跟大人求助，看到大人跟小孩子求助，就知道有些不正常了。孩子知道正常情况下陌生人不会随便给他们东西，看到别人给他们东西就知道不正常了。再比如，如果有熟人跟孩子聊天，保持警觉的孩子知道如何正常地跟他们交流；但如果熟人突然对孩子做一些不正常的举动，孩子大脑中的警觉器就会立刻响起来，提醒孩子注意。

> 对孩子进行安全教育的重点，不在于"不跟陌生人说话""不吃陌生人给的东西"，而在于教他们对环境中可疑的陌生人、熟人的可疑行为保持警觉，这才能真正提升孩子的安全意识。

另外需要说明的是，这部分内容主要针对年龄稍大的孩子，如果是4岁以下的孩子，他们还不能很好地理解安全规则，也不能保护好自己，除了有意识地告诉孩子这些安全知识，最主要还得靠监护人近距离地照看好、保护好他们。如果你家孩子4岁了，那他应该可以理解社会安全和规则，这时候我们可以教孩子一些基本的安全知识，着手提升他们的警觉力。

警惕环境，多看多听

要想提升孩子对周围环境的警觉力，我们需要给孩子一些清晰简单的规则，这样孩子更容易发现危险，碰到危险时也更容易去执行。孩子往往不知道怎样对周边环境提高警惕，你可以教他简单的口诀："注意看，注意听。看，是看有没有不寻常的事情发生；听，是听有没有奇怪的声音。"

刚接触这段口诀，孩子可能不太懂，假装游戏是很好的帮助理解的方法。我的一个朋友用纸板做出了眼睛和耳朵，跟孩子玩角色扮演游戏的时候，会演一些比较明显的可疑行为或者正常的行为，让孩子来做区分，问问孩子："下面这些情况，哪些事情比较奇怪？"孩子犹豫的时候，就拿出眼睛先生和耳朵先生，做重点提示。比如，演一个陌生人假装开着车向孩子问路，孩子知道在保持距离的情况下提供信息，或者向旁边的大人求助，可是一旦问路的人要求拉近两人的距离，甚至要求孩子上车，你可以拿出眼睛先生和耳朵先生，让孩子注意，孩子就知道情况不对劲，应该立刻拒绝了。

危险当头，相信直觉

要告诉孩子，相信自己的直觉。你可能觉得，相信自己的直觉听起来怎么这么不科学呀？其实不是。人类天生有一些预防危险的机制，比如，"害怕"这种情绪能让我们在感觉到危险的时候退缩、转身离开。我们天生的警觉系统，主要位于大脑右半球的前额叶和顶叶，由去甲肾上腺素调节。刚才提到的波斯纳教授就说过，"如果系统检测到不寻常的东西，（我们）可能会听到大脑的声音"。这个大脑的声音就是你的警觉系统向你的潜意识发送的警报。危险来临的时候，孩子往往无法快速、理智地做判断，所以你要教孩子重视这个警报的价值，首先就是相信自己的直觉。

你可以跟孩子解释说，如果在什么地方让他们感到害怕，觉得不舒服，他们应该尽可能快地离开。还有些时候，一些熟人也可能会使他们感到不舒服，也应该尽可能快地离开。如果孩子遇到这类他觉得奇怪的事，要立即告诉爸爸妈妈或爷爷奶奶，因为这些人可以及时帮助孩子。

预演危险，机会教育

当孩子警觉力强大，而且真正预见了可能有危险时，该怎么办？我们还是教孩子一个简单的口诀："大声说不，尽快离开，告诉爸爸妈妈。"

孩子还小的时候，先从问问题开始，比如："如果有陌生人给你糖吃怎么办？""如果有人跟你问路怎么办？""如果有人说是爸爸的朋友，要把你带走找爸爸怎么办？"……教孩子坚决地说不，并且立即去找爸爸妈妈。

等孩子长大一点儿，可以玩各种角色扮演游戏。比如跟孩子玩"坏人捉小孩"游戏，假装自己是坏人，抓住孩子放进车子里。告诉孩子"如果有陌生人朝你走过来，离你特别近，你要赶紧跑开，回家找爸爸妈妈；或者跑到人多的地方去，大喊'这不是我爸爸，救命啊'"。

在日常生活中，找对时机教育孩子，效果更好。有一次我带女儿去游乐场，她东看西看很兴奋，没一会儿就松开我的手，离我越来越远。我有意不去追她，远远地看着她，想看她有没有警觉意识。她还行，大概离我有 10 米远的时候，发现自己是一个人，就沿着原路往回走来找我。找到我时她的表情是挺害怕的，我拉住她的手，告诉她："刚才你跟爸爸走散了，你有点儿害怕，是吧？以后要注意，在人多的地方一定要拉住爸爸妈妈的手。你要想去哪儿玩，得告诉爸爸妈妈，好吗？"在当时的情境下，孩子真正感受到危险，再适当教育，会更容易接受。

不过，对孩子进行安全教育的时候，也不用过分夸大"外面"有多危险。比如有的爸爸妈妈喜欢用一些故事吓孩子，说一些"从前有一个孩子，吃了陌生人的糖，后来死了""从前有一个孩子，被陌生人拐走，后来死了"这类故事。

> 惊悚的故事不会让孩子加倍注意，却可能让孩子胆小，没有解决问题的勇气。

📋 Dr. 魏的小叨叨

最后我叨叨一下，平时在生活中，我们可以给孩子指一指哪些地方是安全的，如果遇到困难可以到哪里去，可以找什么样的人求助。比如，回家的时候让孩子记一下家庭地址，聊天的时候教孩子记住家长的手机号码，这比等看到一个事故新闻再长篇大论教训孩子一番，效果要好。在特殊情况下，比如过年、度假旅行，或者去人多环境嘈杂的地方之前，要再跟孩子强调一遍这些知识，别怕自己叨叨。

孩子的安全教育问题盲点多多，比如，很多人没有跟孩子说清楚哪些是"安全的陌生人"，什么样的人是"漂亮的坏人"。要想真正提高孩子的安全意识，一个重点是提升孩子的警觉力，让孩子多看多听，警惕环境中不对劲的地方。同时要告诉孩子相信自己的直觉，一觉得不对劲要敏感地跟爸爸妈妈指出来。最后，要有意识地给孩子一些危机处理的演练机会。

|4| 节日礼物爱攀比，正是教育好时机

节日的时候，孩子们会收到各种各样的礼物。不过，当孩子们拿着礼物在一起玩时，总会出现下面这样的小插曲。小明看到贝贝手里会发出声音的遥控汽车，特别羡慕，跑去跟妈妈说："我也要遥控汽车！"妈妈说："不行，不是刚给你买了飞机吗？家里还有那么多小汽车呢。"小明一听，立刻坐在地上哇哇大哭。

如果你遇到类似的情况，是不是感到很为难？直接拒绝孩子，少不了一阵哭闹；不拒绝，又怕孩子养成见什么都想要、爱攀比的坏习惯。

其实，这是一个特别好的教育机会，刚好可以给孩子上三堂重要的课。

——● 第一课：放飞想象力

当孩子大哭大闹，特别想要一样东西的时候，他的大脑被情绪牢牢控制，没办法理性思考。这种情况下，你得先帮他把理性调动出来，让他平静下来，然后才能把事情讲清楚。怎么调动孩子的理性？

爱贝睿家长教练赵昱鲲老师有一个妙招儿：激发孩子的想象力。

首先，还是接纳孩子的情绪和想法。你可以抱住孩子说："你很喜欢那个遥控汽车，是吗？妈妈说不买，你生气了，对不对？"孩子点头，可能会接着哭。

接下来，你就要开始激发他的想象力，问问孩子："那辆汽车看起来是很好玩，用遥控器就能让它拐弯。如果我们真的买回来，你打算在哪儿玩呢？"

孩子想了想，说："在家里的地板上玩，还要去大树下面玩，它是越野车呢！"

好，这表明孩子启动了思考模式。你可以继续启发："哇，在大树下面玩，可以跟小伙伴一起去啊。"

孩子指指贝贝："对呀，我还要跟贝贝比赛呢，看谁的车跑得快。"

你开始引导："真不错，那现在你就跟贝贝比一比吧，看看飞机和汽车，哪个快！你还可以跟贝贝交换玩具玩呀，这样，你们可以多玩很多玩具呢。"

孩子一想，妈妈说的这个方法不错啊，就找贝贝玩去了。

这个方法特别棒：一方面，它能解决眼下的难题，把孩子从情绪的劫持中解救出来；另一方面，它还能培养孩子的想象力，想象首先会激发孩子大脑的理性功能，理解分析一个任务，想象"如果真的给我买了汽车"之后的可能场景。同时，孩子的大脑又会切换注意力，让理性来对这些场景进行判断，评价当前的决策是否符合逻辑。这不仅让大脑超越了情绪宣泄或者简单的价值判断，还能培养孩子演绎推理，是对孩子非常有益的认知训练。

> 孩子的大脑在理性思考与想象之间切换，并不断与情绪互动，比普通的想象力练习更能促进大脑的整合。

——● 第二课：区分"需要"与"想要"

面对小汽车的诱惑时，孩子眼里只有当前这辆车，脑海里根本没有"放弃"这个选项。我们知道，不可能所有的东西都买，孩子总得学会取舍。其实你想想，取舍是一个非常难的问题，就连你自己看上一件漂亮又昂贵的衣服时，也需要思量一阵子。我们人生中那些大的取舍问题更是让人心力交瘁。那么，我们怎么帮孩子解决取舍问题呢？

取舍练习得在平时提前做。

第一步，帮孩子分清楚某样东西是他"需要"的，还是"想要"的。

人类生活在地球上，有些东西不可或缺，比如食物、水和空气，还有遮蔽保暖的衣服，遮风挡雨的房子。这些东西都是人"需要"的，如果没有，会影响正常生活。但是，有很多的东西，即便缺少，也不会影响正常生活，比如豪车、华服，还比如小朋友的遥控汽车。

你可以给孩子解释这两个概念，区分"需要"和"想要"。逛超市是最恰当的时机。你可以在购物车里放一袋大米，说："我们需要买大米，做饭吃。如果没有饭，就会饿肚子。"然后，你可以拿起海苔说："海苔既营养又美味，我喜欢吃，宝宝你喜欢吗？嗯，这是我们想要的东西。但是如果没有海苔，我们也不会感觉饿。"要是孩子看着变形金刚舍不得离开，也可以请他想一想："变形金刚对你有什么帮助？如果没有这样东西会怎么样？"

如果孩子了解了"需要"与"想要"的区别，那么当他看到别人的玩具，非常想要的时候，你就可以自然地问问他："这个玩具对你有什么帮助？它是你需要的，还是你想要的？"

──● 第三课：培养理财观念

孩子小的时候，哭闹基本上是在表达"需要"，比如饿了、困了、不舒服、想要抱抱（是的，别忘了孩子也有情感需要）。长大之后，孩子有了自己的思想，"想要"的越来越多。并不是说只能满足孩子的基本需要，其他想要的东西全部忽略不管。你想，要是一个人只能勉强生存，那这辈子该多么无趣！

> 你要让孩子明白，如果"需要"和"想要"有冲突，那么"需要"优先。如果"想要"合情合理，而且有条件，那就满足。

当孩子有了一些数学基础，认识了数字，懂得加减之后，你就可以培养他的理财观念了，帮助他学习管理和满足自己的欲望，这可是受益一生的能力。

有一次，我和家人一起逛商场，大女儿发现了一件爱莎公主裙，特别喜欢，央求我买。我一看价格 600 多元，心里想，说不定买回去穿不了几次就会被压在箱底，太可惜了。你知道的，孩子的"喜欢"是一阵一阵的，这会儿喜欢它，过一阵子可能又有新宠了。我就想了一个办法，让她自己攒钱买，如果等她攒够钱的时候还想买，那就是真的喜欢，就可以买。攒钱的过程，也是提升理财能力的过程。

我对女儿说："来，看看价格吧。买东西的时候，首先要看价格，想一想你愿不愿意花这么多钱。"女儿说："这上面写着 698 元。"我接着说："对，这个价格比爸爸穿的毛衣的价格还要高，你觉得花这些钱值得吗？""值得呀，爱莎公主的裙子呢！""好，如果你特别想要，就用你的钱买吧（她有存钱罐，里面装着零花钱）。"她一听可以买，就答应了。

回到家，女儿立刻搬出存钱罐，把所有的钱倒出来数，一共是239 元。她一算，还差好几百，又来找我："爸爸，我的钱不够，你帮我出一些呗。"我说："行，我出一半。"她眼珠一转说："还差 110元，怎么办呢？"我给她出主意："你每个星期有 10 元零花钱，如果把这些钱都攒起来，过两三个月就够了。"

接下来的这段时间，她真的把零花钱全攒了起来，一分没花，刚好在快到圣诞节的时候攒够了。我们再去商场，发现那件裙子在打折，6 折就能买。但女儿并没有买裙子，而是买了一个公主皇冠，只花了 100 多元，说钱要省着花。

哈哈，自己攒的钱，孩子更节约。攒钱买的东西，也会更加珍惜。

你还可以抓住机会，趁孩子想买玩具的时候，培养他的理财意识。如果孩子还没有零花钱，也可以讨论："你想买小汽车，我们也得买面包当明天的早餐，但是我们的钱不够两样都买，怎么办？"让孩子自己来选择与判断，将来他可能更有经济头脑，还能锻炼他的思维能力。

──● 如果孩子纯粹爱攀比怎么办？

如果孩子纯粹是被别人的物品吸引，可以跟孩子一起上前文提到的三堂课。但是还有一种情况，夹杂着攀比因素。有位家长给我留言说："有一次我路过小区幼儿园，听见一个小朋友对另一个小朋友说：'看，我妈给我买的杯子，是名牌哟！好几百块呢。'而另一个也不示弱地说：'我妈准备给我买最新款的苹果手机。'我惊诧这么小的孩子竟然有这么强烈的攀比和虚荣心。关于孩子的虚荣心问题，您是怎么看的呢？"

这件事，与孩子的自我意识和自我评价有关，也与孩子的社交能力发展有关。孩子三四岁的时候，通常非常自信，觉得自己哪哪都厉害，自己的东西啥啥都好。到了六七岁，他开始关注外界对自己的评价，渴望得到他人的肯定。但孩子的分析和判断能力还比较弱，在很大程度上受到周围环境的影响。如果他的成长环境中流行的价值观是"拥有昂贵的东西就是赢家""名牌才算高级"之类，他可能也会用这种标准来衡量自己。再长大一些，孩子要融入同龄人的圈子，"用苹果手机的人""穿耐克的人"都有可能成为一种社会身份的标识。如果追求这种物质上的身份标识，自然会出现攀比现象。

要是有家长认为"应该买！别人家孩子有的，我家也得有，又不是买不起"，那我也不好提什么建议，这是他们的价值观。但是如果你希望孩子能更正确地评价自己，可以从两方面来引导他。

一方面，如果他觉得对方的东西好，完全可以大方表达，真诚地说出自己的喜欢与欣赏："哇，这个杯子好漂亮，上面有小猪佩奇，我也喜欢小猪佩奇！"另一方面，你可以多从品格、能力、兴趣等角度评价和描述孩子与其他小朋友，比如："贝贝今天帮助他的妈妈择菜，帮妈妈节约了不少时间，妈妈特别高兴。""冬冬讲故事讲得可真精彩，你也喜欢讲故事，是不是？"

> 给孩子多个评价自己的角度，帮助他找到模仿的榜样，进而找到真正的自信来源。

📝 Dr. 魏的小叨叨

世界上有许多东西让人喜欢和向往，生活因此而更加让人期待。但是，正如钻石并非恒久远一样，遥控汽车也不是聪明宝宝的必备。当孩子哭闹着要买某样东西的时候，问问孩子："它对你有什么作用？如果买了，你会怎么玩？如果想买，怎么有足够的钱？"这三个问题都想明白了，再买也不迟。表面上来看，给不给孩子买他想要的玩具，是一个小小的问题。但是，这其中教会他的内容，比如想象力和对自己内心需求的评估，以及传递给他的价值观，会对孩子理性思维的培养和人生观的确立产生不可忽视的影响。

|5| 爸爸带孩子：如何变"猪队友"为"育儿好帮手"

让爸爸带孩子，有些妈妈可能不放心："啊？我们家那位你都不知道有多不靠谱儿！让他带孩子，非把孩子带到沟里去不可！"这样的妈妈硬生生把爸爸挡在了育儿大门外，这叫"母亲守门效应"。还有爸爸会说："哎，带孩子是女人的事，我也想帮着带孩子，可天生不会啊！"男人天生不会带小孩，那是胡扯。不谦虚地说，我在我们家是最会带孩子的一个，孩子的心思我最懂，也跟我最亲。这不是因为我太太不称职，或者我天赋异禀，而是说带孩子都是练出来的。

妈妈们，其实培养爸爸和培养孩子是一个道理。爸爸像家里的大孩子，如果嫌他做得不到位，不给他机会锻炼，他参与得越来越少，最后不仅会累坏妈妈，对孩子的发展也不好。如果妈妈愿意从"最佳守门员"变成"最佳助攻手"，给爸爸锻炼的机会，爸爸也能成为非常得力的育儿好帮手。

让爸爸带孩子，乍一听有点儿心灵鸡汤的意思，其实这是有科学依据的。

——● 爸爸不是猪队友，爸爸也能带孩子

首先，脑科学研究已经发现，孩子出生后，爸爸的大脑会发生变化。2014 年，耶鲁大学的研究团队扫描了一些爸爸的大脑，在孩子出生 2~4 个星期的时候扫描一次，12~16 个星期的时候再扫描一次，结果发现在那些与育儿动机相关的脑区，比如纹状体、下丘脑及杏仁体，大脑灰质增加了。更神奇的是，有些脑区的灰质还减少了，比如与默认模式神经网络有关的脑区，人在走神、做白日梦的时候，这个脑区会被激活。这与妈妈大脑的变化是不同的，孩子出生以后，妈妈在这些方面的脑区灰质没有减少。

这说明男人做爸爸之后，变得不那么心不在焉，而且更专注了。专注于什么？那些大脑灰质增加的区域表明，他们更有动力带孩子。

大量的研究表明，爸爸的积极养育可以降低男孩子青春期的行为问题和女孩子的一些心理问题，对他们的学业成绩也有长期的积极影响。另外，爸爸带的孩子，语言能力发展得更好。为什么呢？科学家推测，因为妈妈倾向用"宝宝语"跟孩子说话，就是孩子能理解的，比如"吃完饭饭，我们去睡觉觉"这种语言。爸爸则喜欢用成人的语言跟孩子说话，刚才那句话，换成爸爸会直接说："你来吃饭，然后去睡觉。"这样说话孩子一开始比较难理解，但同时逼得他们开动脑筋，去分析、猜测，最后掌握更复杂的句子和更多更难的词汇。爸爸对孩子语言能力的帮助甚至可以持续影响孩子未来在学校的表现。

> **爸爸多参与带孩子对孩子的社会、行为、心理健康和认知能力都有积极影响。**

所以，各位妈妈不必担心爸爸天生不会带孩子。事实正相反，老天把爸爸的大脑设计好了，有孩子之后会自动往好奶爸的方向去改变。各位爸爸也不要再想各种借口或抱有刻板印象，发挥你的优势，多参与到育儿中来吧。

● 给爸爸：发挥你的特殊优势

爸爸们，现在一个宝宝交到你手上，你应该怎么带？我给你三条建议。

转换心态：爸爸不仅是育儿好帮手，更是育儿合伙人

爸爸要转换心态，记住，带孩子不是妈妈一个人的事，也不是妈妈主导的事，而是你们两个人共同的任务。你不只是育儿好帮手，更应该是跟妈妈亲密合作的合伙人。

有的爸爸把育儿的主动权交给妈妈，等她发号施令，然后执行。其实，这样会错过很多孩子成长中好玩、有意义的瞬间。你得主动出击，主动注意孩子的需求，为孩子安排事情，参与他的日常生活。假如只有在妈妈忙不过来的时候你才出来救火，那孩子很难跟你建立牢固的联系。一旦孩子对你没有亲密、信任的感觉，他会百般不顺从，因为他可能不太听你的话，有想法也不跟你说。于是你更加不愿意带

孩子，孩子也不愿意跟你亲近。这样就陷入一个恶性循环。

发挥爸爸的优势，做孩子最好的玩伴

事实上，男人和女人在带孩子上各有优势。很多人有严父慈母的刻板印象，要做个严厉的爸爸，树立权威，让妈妈多照顾孩子。这个刻板印象可以打破，我们不需要装出严父的样子，不需要摆酷。民主型爸爸在玩耍中会关注孩子的需求和反应，积极倾听孩子的建议。孩子长大后会表现出更少的攻击性，能力更强，更受欢迎。专制型爸爸控制欲强，忽视孩子的想法，他们的孩子跟同伴相处会遇到更多问题。

> 不要做专制型爸爸，要做民主型爸爸，发挥优势，做孩子最好的玩伴。

跟宝宝的身体、皮肤接触很重要，不要觉得你是爸爸，就要有权威感、距离感。不是的，你最好每天固定给孩子一个拥抱，比如早上送他到幼儿园门口时，或者晚上回家第一次看见他时。跟他说话、走路时，也可以握住他的手。孩子有什么高兴的事，可以一把把他抱起来，高高地举到空中。等孩子长大一些，可能只有爸爸才举得动，那你更得多做了。你一定要知道，孩子被举到空中时特别开心。

这是爸爸优势的一面，能给孩子更多的安全感。我经常跟女儿说："不要怕，有爸爸在！"然后抱抱她，果然只要有我在，我女儿的胆子就比较大。比如在公园，有个爬高的栏杆，我鼓励她，她就能

鼓起勇气爬上去。旁边一个同龄的女孩，没有爸爸的鼓励，就不敢。

爸爸还有一个优势，那就是体能好，可以多带孩子做运动。爸爸妈妈跟孩子的互动方式不一样，妈妈倾向跟孩子聊天，进行情感互动，爸爸倾向跟孩子做体力活动。我强调过，运动对孩子大脑的发展很重要。运动能力跟小脑密切相关，影响孩子的时间感知、动作预测及抽象思维等能力。我们大脑一半以上的结构，都会参与运动控制。

举一个大家都熟悉的例子，做父母的都知道，孩子喜欢抛高高、荡秋千、滑滑梯之类的游戏。我女儿就是这样，她还没学会走路时，每次到公园里，都会要求我们把她放到秋千和滑梯上去。为什么？这都是在改变她身体的位置，特别是有节律地改变头部位置，能让她感知到平衡感和空间感，既让她感到舒服，又促进她的大脑发展。这方面爸爸有体力优势，可以跟孩子玩得更尽兴。

孩子再大一点，爸爸可以带孩子跑步、游泳、攀岩、打球。帮孩子养成运动习惯，对健康有益。研究还表明，多跟爸爸一起运动的孩子，在学校表现得更好，社交能力更强。

所以，爸爸带孩子时，不要受刻板印象影响，多陪孩子玩，把爸爸的优势发挥出来。

看懂孩子的需求

在妈妈的一些传统优势领域，比如情绪观察能力、亲密关系能力，通常爸爸不如妈妈。但爸爸可以多向孩子妈学习，更多地参与到这些活动中，慢慢地，也能发挥重大作用，甚至不亚于妈妈。

比如孩子发脾气，大哭大闹，有些父亲只看到表象，看不到孩子的需求，觉得孩子不听话，不给面子，或者觉得"我是爸爸，一定要有威严"，跟孩子说："不许哭！再哭关禁闭！"其实孩子是困了。你应该怎么做？轻声细语，问他怎么了，用情绪引导三步走，帮助孩子描述、思考、反思情绪。

当孩子情绪低落时，比如小伙伴开生日派对没有邀请自己，难过得哭了起来，不要说："哎呀，这有什么好难过的，下回我们过生日的时候也不邀请他！"你得提供情感支持，可以握着他的手，蹲下来跟他慢慢说："他过生日没有邀请你，是挺难过的。"然后听他说自己的伤心难过，或者哪怕是他什么都不说，就陪着他，听他哭。这都是建立你和他的亲子关系的重要时刻。

对我来说，看懂孩子的需求，也是一种科学家思维。你看到孩子的表情，开始好奇，然后推断孩子在想什么，这也是在锻炼你的社会认知能力。

──● 给妈妈：让爸爸带娃有充分的自主权

各位妈妈，想让爸爸变为育儿好队友，该怎么做呢？我也给你三个建议。

尊重爸爸带孩子的方式

要让爸爸带孩子，得给他充分的自主权。刚才说了，爸爸要转变心态，不要把自己当成育儿帮手，而是得把自己当成育儿合伙人。妈妈也一样，别把爸爸当成你的帮手，他在育儿方面应该和你平起平坐，大家有同样的发言权。

为什么呢？因为爸爸的育儿方式也许跟你不一样，却会有出乎意料的好处。很多妈妈会觉得，爸爸带孩子太吓人了。你看他，动不动就把孩子往空中一扔，要是接不住怎么办。孩子自行车骑那么快也不管，还在旁边喊："加油，再快点！"要是摔下来怎么办。但是，爸爸这样带出来的孩子，很可能胆子更大，运动能力更强。如果强迫爸爸按照妈妈的方式带孩子，就白白丧失这个优势了。

归根到底，你肯定不能让孩子太鲁莽，做太危险的事情，但也不能为了安全不让孩子去探索。

> 爸爸和妈妈有不同的作用。妈妈陪伴孩子的时间长，更多的是细心照料孩子，让孩子觉得安全。爸爸会激励孩子，带领孩子去探索。这两类作用相辅相成。

很多妈妈会抱怨说："孩子他爸这也叫带娃吗？不就是整天跟娃玩吗？"可是，跟孩子玩也是带孩子中非常重要的一部分，因为孩子是通过玩来学习、探索世界、跟世界互动的。妈妈可能觉得让孩子取得一些有形的进步才比较有意义，比如背了一首唐诗，多弹了一段钢琴，但是爸爸跟孩子玩，其实对孩子的发展一样重要。爸爸带孩子的方式可能跟你不一样，但是其实非常有他的道理。你不能因为自己习惯怎么带孩子，就不让爸爸用另外一种方式带孩子。

再说了，爸爸按自己的方式带孩子才舒服。他跟孩子打闹、玩耍、赛跑，这是他最高兴的事。你强迫他不按自己喜欢的方式带孩子，那他会感到没有乐趣，自然不愿意再投入了。所以，尊重爸爸带孩子的方式，让他能尽情享受带孩子的乐趣，是让爸爸愿意带孩子的第一步。

给爸爸成长的时间，多肯定，少批评

当然，也有妈妈会说："可是，有些事情还是得有个标准。他做得不到位，难道也不能批评吗？"我给你第二点建议，要给爸爸成长的时间，多肯定，少批评。为什么？因为在很多事情上，爸爸跟妈妈的标准还真不一样。比如收拾厨房，妈妈的标准是锅碗瓢盆都洗得干干净净，整整齐齐地放在碗橱里，地上清扫得一尘不染。爸爸的标准是什么呢？爸爸觉得把碗都放在水池里，就算把厨房收拾干净了。

带孩子也一样。爸爸带孩子去上钢琴课，回来后你问他："孩子今天课上得怎么样？"他说："挺好，老师夸他有进步。"你再问："孩子今天学会了什么新曲子？老师有没有指出孩子有什么问题？有没有说什么地方还要再练练？"爸爸一听傻眼了，因为在他的标准里，把孩子带去上钢琴课，又安全地带回来，就完成任务了，妈妈问的这些问题，那是老师和孩子自己要操心的事情。

你还真得体谅爸爸，他不是消极怠工，而是真的觉得事情就这么简单。当然，育儿很多时候没有这么简单，但你也用不着立刻生气，而是要看到，他愿意带孩子去上钢琴课，这个本身就值得表扬。如果你实在要让他改进，那也要用肯定的方式来表达。比如你可以这么说："你带孩子去上钢琴课真不错，孩子更高兴。"然后再说："你跟

孩子玩得好，孩子听你的，你下回多问问钢琴老师，孩子还有什么地方要注意，有什么地方要多练练。你问肯定比我问强。"

因为男人和女人在夫妻关系中最看重的地方不一样。爸爸最受不了妈妈的批评，因为那是在攻击他的能力。反过来，就像妻子最爱听的是丈夫的甜言蜜语一样，爸爸最爱听妈妈的表扬。所以，你要用正面的态度来促进他改变。

怎么让爸爸喜欢带孩子？你下次只要看到他跟孩子在一起，就多表扬他。"看，宝宝和你玩得多开心！""举高高还是爸爸做得好！""宝宝好喜欢把你当大马骑！"这并不是虚伪。要知道，现代爸爸基本都是在传统家庭下长大的，从小他自己的父母大多是"男主外，女主内"的，爸爸能更多参与到育儿中来，确实值得表扬。当然，你表扬完，也可以趁机提出一些适当的改进意见。这个时候，他特别能听进去。

给爸爸清晰、具体的指令

当然，有时候爸爸还真的不行，确实需要你的指导，要注意给他清晰、具体的指令。如果爸爸本来有自己的想法，比如怎么跟孩子玩，你应该像第一条建议一样，尊重他的玩法。但是如果你对这件事有明确的期望，那你要明确跟他说。比如你要出门了，要给爸爸交代午饭，得很具体地说："12点的时候吃辅食，刮1/4个苹果，拌1/4个蛋黄，然后冲半瓶奶粉，让她躺下来喝，喝完给她一个安慰奶嘴，让她睡觉。"

为什么要这么详细呢？因为爸爸跟你的标准不一样，如果你只是很模糊地跟他说一下，很可能到最后他完成的样子跟你想象的不一样，你觉得他是在糊弄事，他还觉得特别委屈，两个人的矛盾就这么产生了。而且有些爸爸比较好面子，他不知道该怎么做，也不好意思问，只能自己摸索，你得事先直接告诉他，这样才能更好更快地培养出好爸爸来。

——● 爸爸妈妈的育儿观念不一致，怎么办?

在育儿过程中，经常会出现父母双方观念不一致的情况，这很正常。你们来自不同的家庭，接受不同的教育，有着不同的人生经历，难免会形成不同的观念，这其中就包括如何养育孩子。改变一个成年人的观念是很有挑战的。爸爸妈妈会觉得对方固执，难以说服。那么两个人如何有效沟通呢?

> 在家庭关系中，成员关系排第一，对错排第二，
> 和另一半搞好关系最重要。

首先，把对方放到显微镜下，看到他陪孩子做得好的地方，要及时表扬:"今天多亏你接孩子放学，我在公司可以把工作做完。""我发现你给娃讲绘本，蛮有意思的。我之前都不知道这种讲法，下次我也试试。"

其次，当另一半管教孩子时，在当时尽量别插手，别质疑对方的做法。有不同看法，你可以等他冷静下来，再沟通。大人都是要面子

的，如果你插手，等于否定他教孩子的能力。他反而更想证明自己是对的，听不进你的话。不如等事情过去了，你再和他提。提的时候，建议你用"三明治"方法：第一层肯定他的初心，是为了孩子好；第二层提你自己的担忧，这样做可能会有什么副作用；第三层再提你的建议，或者给他主动权，看他有什么更好的方法。

Dr. 魏的小叨叨

爸爸到底会不会带孩子，能不能带好孩子，这其实在很大程度上是一个自我实现的预言，它是一种期待效应，也就是说你放开手让他去带，鼓励他带，他就能带好；如果你不相信他，一直守在孩子的门前不让他碰，那他当然越来越不会带孩子，然后你更会觉得自己守在门前有道理。

妈妈千万不要把爸爸拒之门外，而应该千方百计地把爸爸往门里拉，使他成为你的育儿好伙伴。这样不仅能减轻你的负担，还能让爸爸成为孩子成长过程中必不可少的一个利器。爸爸们也要知道，育儿这条路上，你不只是妈妈的帮手，还要有合伙人心态，多陪陪孩子。你不但可以发挥优势，跟孩子一起运动，还可以把妈妈的优势学过来，给孩子更多的情感支持。

育儿魏来答

Q1: 孩子不玩手游，会不会无法融入集体？

家长： 现在很多学生如果不玩热门手游，几乎无法融入集体。我很担心孩子玩手机影响视力、养成不好的习惯、耽误学习，不想让孩子玩手机，但是也担心孩子和同学处不到一起，受排挤。该怎么办呢？

Dr. 魏： 电子游戏的两面性确实会引起很多爸爸妈妈的焦虑，尤其是这几年电子游戏的发展势头非常迅猛。我的原则是要放松心态，电子产品不是洪水猛兽，不需要一味地禁止，它只是一项高科技的育儿工具。那么，怎么最小化电子游戏的弊端，同时利用其优势呢？

严格限制玩游戏的时间和空间之后，你可以适当地让孩子玩一玩游戏。但注意要把虚拟世界和现实世界联系起来，也就是把他对虚拟游戏的兴趣，迁移到实际生活中。比如允许孩子玩《王者荣耀》，但是规定孩子玩完一局（15~20 分钟）之后，要玩一个相关的现实中的游戏。你可以告诉孩子："你刚才用了'项羽'这个英雄，现在我们来学一学有关项羽的典故吧。"把游戏和历史知识自然地联系到一起，孩子会更感兴趣。

你还可以和孩子一起扮演英雄角色，来场"实战"，当孩子模拟这些角色时，也是在锻炼他的心智能力。你们可以一起做道具，顺便锻炼孩子的精细动作能力。这样的方法还有很多，总的来说就是帮孩子连接好虚拟世界和现实世界。

Q2: 父母长期不在家怎么办？

家长：现在有不少家长在外工作，没有和孩子在一起。孩子长大了就会问，爸爸妈妈去哪了，家里长辈习惯性地回答爸爸妈妈出去工作了，去赚钱了，或类似这样的话术。我有个朋友很反对这样说，认为这会让小孩觉得工作、赚钱比自己还重要，从而影响未来孩子对工作、赚钱的理解。虽然我觉得朋友的这个观点有些偏激，但也觉得不无道理，想请魏老师帮忙解惑一下，谢谢。

Dr. 魏：早起开门七件事，柴米油盐酱醋茶。你看，每天的开销都离不开钱。出去赚钱，最终的目的是养家、养娃。但在孩子眼中，他看到的是爸爸妈妈不在身边，却看不到爸爸妈妈在外辛苦打拼。他不是感恩，而是埋怨。所以，如果孩子问"爸爸妈妈去哪儿了"，你除了告诉他"去赚钱了"，还要记得跟他解释，爸爸妈妈是在为这个家赚钱，他吃的饭、水果，手里的玩具，身上的衣服，都是用爸爸妈妈赚的钱买的。但比说什么重要的是做什么。对于长期不在家的父母，我给你们两点建议：第一，陪伴质量比时间更加重要。在跟孩子见面的时间里，不要因为觉得陪孩子时间少对不起他就给他太多的物质补偿，让亲情变味。多和孩子玩，比如给他读绘本、讲故事、玩玩具，跟他聊聊最近都发生了什么好玩儿的事……在轻松愉快的互动中拉近彼此之间的距离。

Q3: 批评过激，"打"了孩子怎么办？

家长： 孩子有时候会说："我一点都不喜欢爸爸妈妈，因为每次我不听话的时候，你们就要打我。"其实我们只打过她一次，她就记得了，现在还经常这样说，我担心她现在听我们的话，会不会是怕我们打她。我们该怎么办呢？

Dr. 魏： 首先，孩子说"不喜欢爸爸妈妈"，你听了心里肯定五味杂陈。养育孩子的时候肯定会有冲突，失手打了孩子，对孩子造成长久的伤害，你自己更不好受。所以我想告诉所有家长，批评孩子的时候，不要体罚，一次也不要。

家长通常认为，打一下孩子的屁股最起码能让孩子立即听话，其实那只是孩子天生的自我保护机制让他暂时顺从，并不能真的让孩子"长记性"。有的家长觉得事后弥补一下就可以了，但是孩子受到伤害的地方，不只是屁股。研究表明，父母的体罚跟孩子日后的攻击行为、犯罪行为等一些心理健康问题有关。所以，体罚孩子是一件只有坏处没有好处的事。批评孩子的时候，不管是体罚，还是其他的惩罚方法，都不应该用。

回到你的问题，孩子现在产生一种认知，认为"每次不听话的时候，爸爸妈妈就要打我"。你们的任务是要跟孩子沟通，帮助孩子扭转这种认知。还可以跟孩子讲道理，告诉孩子她错在哪里。孩子现在觉得打孩子的爸爸妈妈是不讲道理的，那么在跟孩子的沟通过程中，要特别让孩子知道，爸爸妈妈是讲道理的。你可以正式跟孩子谈一次话，向孩子道歉说你知道打孩子是不对的。每个人都会有做得不对的地方，这些地方都需要改正，以后爸爸妈妈要跟孩子一起，互相指正对方的错误，一起成长。

爱贝睿

爱贝睿（微信公众号：ibrainbaby），基于脑科学与人工智能的新一代儿童教育机构，由知名科学家联合创办，专注于研发科学循证导向的早期教育产品与服务。爱贝睿采取线上线下多种形式，为有 0 ~ 6 岁儿童的家庭提供以脑与认知科学为基础的早教相关产品：在线早教与早教玩具。目前，已经辐射百万家庭，广受爸爸妈妈与宝宝喜欢。

在线早教：未来脑计划

爱贝睿基于前沿脑认知科学，自主研发了一套包括儿童行为观察、大脑训练活动、成长档案在内的新型科学早教方案——未来脑计划 App，采取 VIP 会员服务的模式，为中国家庭提供新型的在线早教服务。

早教玩具：大脑盒子

未来脑计划配有创新的儿童智能早教包——爱贝睿大脑盒子，目前上线有情绪脑套装（《情绪星球》《情绪大营救》《和生气做朋友》）、语言脑套装（《吃汉字的小刺猬》《说英语的小狐狸》）。

欢迎扫码关注爱贝睿公众号，获取更多科学育儿知识。

未来脑计划

未来脑计划 App 以儿童大脑发育规律为基础，以科学证据为导向，将影响孩子一生发展的能力归结为大脑的五大方面，即智力脑、语言脑、情绪脑、运动脑、创意脑。这五大方面互相联系、不可分割，共同构成孩子成长中重要的底层能力。

大脑行为观察　大脑训练活动　宝宝成长档案

VIP 三大功能，全面助你科学早教：

1. 儿童行为观察。遵循大脑发育规律，从智力、语言、情绪、运动、创意五大方面定期推送行为观察题，让你了解孩子的优势与暂时的短板，对自家孩子大脑的发育了如指掌。

2. 大脑训练游戏。依据儿童发展规律，结合行为观察结果，推送有针对性的大脑训练游戏，让孩子在游戏中轻松成长。

3. 儿童成长档案。系统定期自动生成孩子的成长档案，包括行为观察报告、提高建议及训练方案。这些档案随时能查看，你可以清晰地回顾宝宝成长的每一个脚印。

欢迎扫码下载"未来脑计划 App"。聪明养育，从脑开始。